4O
Minutos
DE ESTUDIO BÍBLICO

PROGRAMA DE
ESTUDIO
EN 6 SEMANAS

I0214709

EL CIELO,

EL INFIERNO

Y LA VIDA

DESPUÉS DE

LA MUERTE

**MINISTERIOS
PRECEPTO
INTERNACIONAL**

KAY ARTHUR
BOB & DIANE VEREEN

EL CIELO, EL INFIERNO Y LA VIDA DESPUÉS DE LA MUERTE
Publicado en inglés por WaterBrook Press
12265 Oracle Boulevard, Suite 200
Colorado Springs, Colorado 80921
Una división de Random House Inc.

Todas las citas bíblicas han sido tomadas de la Nueva Biblia Latinoamericana de Hoy;
© Copyright 2005
Por la Fundación Lockman.
Usadas con permiso (www.lockman.org).

ISBN 978-1-62119-381-4

2015 – Edición Estados Unidos

CÓMO USAR ESTE ESTUDIO

Este estudio bíblico ha sido diseñado para grupos pequeños que están interesados en conocer la Biblia, pero que disponen de poco tiempo para reunirse. Por ejemplo, es ideal para grupos que se reúnen a la hora de almuerzo en el trabajo, para estudios bíblicos de hombres, para grupos de estudio de damas, para clases pequeñas de Escuela Dominical o incluso para devocionales familiares. También, es ideal para grupos que se reúnen durante períodos más largos – como por las noches o los sábados por la mañana – pero que sólo quieren dedicar una parte de su tiempo al estudio bíblico, reservando el resto del tiempo para la oración, comunión y otras actividades.

Este libro está diseñado de tal forma que el grupo tendrá que realizar la tarea de cada lección al mismo tiempo que se realiza el estudio. El discutir las observaciones a partir de lo que Dios dice acerca del tema, revela verdades emocionantes e impactantes.

Aunque es un estudio grupal, se necesitará un facilitador para dirigir al grupo – alguien que permita que la discusión se mantenga activa. La función de esta persona no es la de conferencista o maestro. No obstante, cuando este libro se usa en una clase de Escuela Dominical o en una reunión similar, el maestro debe sentirse en libertad de dirigir el estudio de forma más abierta, dando otras observaciones además de las que se encuentran en la lección semanal.

Si eres el facilitador del grupo, el líder, a continuación encontrarás algunas recomendaciones para hacer más fácil tu trabajo:

- Antes de dirigir al grupo, revisa toda la lección y marca el texto. Esto te familiarizará con el contenido y te capacitará para ayudar al grupo con mayor facilidad. Te será más cómodo dirigir al grupo siguiendo las instrucciones de cómo marcar, si tú como líder escoges un color específico para cada símbolo que marques.

- Al dirigir el grupo, comienza por el inicio del texto y lee en voz alta siguiendo el orden que aparece en la lección, incluyendo los "cuadros de aclaración" que pueden aparecer. Trabajen la lección juntos, observando y discutiendo lo que aprenden. Al leer los versículos bíblicos, haz que el grupo diga en voz alta la palabra que se está marcando en el texto.

- Las preguntas de discusión sirven para ayudarte a cubrir toda la lección. A medida que la clase participe en la discusión, muchas veces te darás cuenta de que ellos responderán a las preguntas por sí mismos. Ten presente que las preguntas de discusión son para guiar al grupo en el tema, no para suprimir la discusión.

- Recuerda lo importante que es para la gente el expresar sus respuestas y descubrimientos. Esto fortalece grandemente su entendimiento personal de la lección semanal. Asegúrate de que todos tengan oportunidad de contribuir en la discusión semanal.

- Mantén la discusión activa. Esto puede significar el pasar más tiempo en algunas partes del estudio que en otras. De ser necesario, siéntete en libertad de desarrollar una lección en más de una sesión. Sin embargo, recuerda que no debes ir a un ritmo muy lento. Es mejor que cada uno sienta que contribuye a la discusión semanal, "que deseen más", a que se retiren por falta de interés.

- Si las respuestas del grupo no te parecen adecuadas, puedes recordarles cortésmente, que deben mantenerse enfocados en la verdad de las Escrituras. La meta es aprender lo que la Biblia dice, no adaptarse a filosofías humanas. Sujétate únicamente a las Escrituras y permite que Dios te hable. ¡Su Palabra es verdad (Juan 17:17)!

EL CIELO, EL INFIERNO Y LA VIDA DESPUÉS DE LA MUERTE

Todos sabemos que la muerte es certera. Sin embargo esa certeza hace que surjan muchas preguntas, como *¿dónde está mi ser querido ahora? ¿Qué le está sucediendo? Qué hay de aquellos que me hicieron la vida imposible - ¿tendrán lo que se merecen? ¿Qué me espera al otro lado de la muerte?*

Queremos esperanza. Consuelo. Seguridad. Queremos respuestas.

Las teorías abundan. Las diferentes religiones ofrecen escenarios variados desde la reencarnación hasta un paraíso donde los placeres sensuales son saciados por vírgenes a nuestra disposición. Algunos dicen que hay un lugar llamado infierno; otros dicen que un Dios de amor no condena a nadie al infierno. Algunos dicen que cuando estás muerto, estás muerto; ese es el fin. ¡Otros dicen que ese es solo el comienzo!

Hay abundancia de libros que detallan las experiencias de aquellos que han muerto o han tenido una experiencia fuera del cuerpo. La mayoría describe una escena gloriosa que alimenta nuestra imaginación. Otros hablan de tormento. Lo que nos deja con más preguntas:

- ¿Podemos confiar en las experiencias de otros seres humanos? ¿Qué si fueron engañados?
- ¿Sabemos que el cielo es real tan solo porque alguien fue allá y regresó a contarnos sobre él?
- Esos relatos del más allá nos traen paz o confusión, pero ¿qué pasa si son solo fruto de la imaginación? *¿Qué pasa si la muerte es el fin y no hay nada después de ella?*

Con todas estas opciones, podemos escoger lo que queramos creer. Pero, ¿no sería mejor saber la verdad? ¿Conocer lo que podemos esperar más allá del umbral de la muerte? ¿Qué es correcto? ¿Qué es verdadero? ¿Qué es certero? Ciertamente si la muerte nos llega a todos, ¿no deberíamos averiguar qué sucede después de ella?

El Cielo, el Infierno y la Vida después de la Muerte es un estudio diseñado para ayudarte a ver por ti mismo lo que la Biblia, la Palabra de Dios, tiene que decir sobre el tema. Lo que sea que creas acerca de la Biblia, valdrá la pena tu tiempo descubrir lo que Dios mismo tiene que decir sobre el tema. ¡Podría quitar el aguijón de la muerte!

La muerte es una realidad. La Biblia lo pone de esta manera en el Salmo 89:48: "¿Qué hombre podrá vivir y no ver la muerte?"

Ya que la muerte nos tocará, tal vez queramos saber las respuestas a preguntas como:

- ¿Qué es la muerte?
- ¿Cómo llega?
- ¿Por qué todos morimos?
- Si Dios es amor, ¿por qué no la detiene?

OBSERVA

Comencemos viendo lo que la Biblia dice acerca del por qué de la muerte y lo que viene después.

Líder: Lee en voz alta Eclesiastés 3:1-2 y Hebreos 9:27. Pide al grupo que diga en voz alta y...

- *Encierre en un círculo* **tiempo**, **señalado** *y* **decretado**.
- *Marque la palabra* **morir** *y* **mueran** *con un símbolo de lápida, de esta manera:* ⌂

Eclesiastés 3:1-2

[1] Hay un tiempo señalado para todo, y hay un tiempo para cada suceso bajo el cielo:

[2] Tiempo de nacer, y tiempo de morir;
Tiempo de plantar, y tiempo de arrancar lo plantado.

Hebreos 9:27

Y así como está decretado que los hombres mueran una sola vez, y después de esto, el juicio.

Al leer el texto, es útil pedir al grupo que diga en voz alta las palabras clave al marcarlas. De esta manera todos estarán seguros de que están marcando cada vez que aparezca la palabra, incluyendo cualquier sinónimo o frase. Haz esto a lo largo del estudio.

DISCUTE

- ¿Qué aprendiste al marcar *tiempo*, *señalado* y *decretado* en estos versículos?

- Según Hebreos 9:27, ¿qué sigue después de la muerte y qué te dice esto acerca de la persona que muere? ¿Es la muerte el fin de todo?

OBSERVA

Para poder entender por qué el hombre debe morir, necesitamos primero entender la vida. ¿De dónde viene la vida?

Líder: *Lee en voz alta Génesis 2:7-9. Pide al grupo que diga en voz alta y...*

- Marque cada referencia a **el Señor Dios**, incluyendo pronombres, con un triángulo, de esta manera: △
- Subraye cada referencia al **_hombre_**, incluyendo el pronombre **_su_**.
- Dibuje una línea ondulada bajo los **dos árboles específicos** mencionados, de esta manera: ∿∿∿

DISCUTE

- ¿Qué aprendiste acerca del Señor Dios en estos versículos?

- Aunque parezca redundante, discute lo que aprendiste al marcar las referencias al hombre. ¿Cuándo y cómo se convirtió el hombre en un ser viviente?

- ¿Qué te dicen estos versículos acerca de la relación entre el Señor Dios y el hombre? ¿Qué es uno para el otro?

- ¿Cuáles son los dos árboles específicos que se mencionan en estos versículos?

Génesis 2:7-9

7 Entonces el Señor Dios formó al hombre del polvo de la tierra, y sopló en su nariz el aliento de vida, y fue el hombre un ser viviente.

8 Y el Señor Dios plantó un huerto hacia el oriente, en Edén, y puso allí al hombre que había formado.

9 El Señor Dios hizo brotar de la tierra todo árbol agradable a la vista y bueno para comer. Asimismo, en medio del huerto, hizo brotar el árbol de la vida y el árbol del conocimiento del bien y del mal.

ACLARACIÓN

Según Génesis 2:7, el hombre era más que un ser físico. Dios hizo el cuerpo físico exterior del "polvo de la tierra" y luego Él "sopló en su nariz el aliento de vida". Simultáneamente, con este soplo "fue el hombre un ser viviente" o como dice la versión Reina Valera, "un alma viviente".

OBSERVA

Génesis 2:15-17

Líder: Lee en voz alta Génesis 2:15-17. Pide al grupo que…

¹⁵ El Señor Dios tomó al hombre y lo puso en el huerto del Edén para que lo cultivara y lo cuidara.

- *Subraye cada referencia al **hombre**, incluyendo el pronombre **lo**.*
- *Marca la palabra **morirás** con una lápida:*

¹⁶ Y el Señor Dios ordenó al hombre: "De todo árbol del huerto podrás comer,

DISCUTE

- ¿Qué aprendiste al marcar las referencias al hombre?

¹⁷ pero del árbol del conocimiento del bien y del mal no comerás, porque el día que de

• ¿Quién está en control en esta relación y cómo lo sabes?

él comas, ciertamente morirás."

• ¿Es el hombre un simple títere manejado con cuerdas o le da Dios a escoger entre creer y obedecer o no hacerlo? Explica tu respuesta.

• ¿Cuál sería la consecuencia si el hombre desobedecía a Dios?

• De los dos árboles mencionados en Génesis 2:9, ¿de cuál se le dijo a Adán que no comiera? ¿Se le dio alguna instrucción en cuanto al otro árbol?

ACLARACIÓN

Génesis 2:17 es la primera vez que la palabra *morir* se utiliza en la Biblia. En hebreo, el lenguaje en el cual se escribió el Antiguo Testamento, *morir* significa "expirar, exhalar". Describe ese momento en el cual el hombre está ausente de su cuerpo físico.

La muerte física trae una separación entre el cuerpo y el alma. Cuando el cuerpo expira el hombre exhala su último aliento de vida, el cuerpo luego regresa al suelo, al polvo (Génesis 3:19). El hombre muere físicamente, pero su alma – la parte de su ser que nació del soplo de Dios – vive para siempre.

OBSERVA

Según el relato de Génesis 2:18-25, Dios vio que no era bueno para Adán estar solo, así que Él hizo a la mujer de una de sus costillas para ser la ayuda adecuada para él.

Líder: Lee Génesis 3:1-10 en voz alta. Pide al grupo que...

- *Marque cada referencia a la serpiente, incluyendo los pronombres, con un tridente, de esta manera:* Ψ
- *Marque cada referencia a Dios con un triángulo.*
- *Subraye cada referencia a la mujer, hombre, marido, incluyendo los pronombres correspondientes como les, ustedes, ella, el, etc.*
- *Dibuje una lápida sobre las palabras mueran y morirán.*

DISCUTE

- Discute el diálogo que ocurrió entre la serpiente y la mujer. ¿Cuáles fueron las primeras palabras de la serpiente y cómo respondió la mujer?

Génesis 3:1-10

1 La serpiente era más astuta que cualquiera de los animales del campo que el Señor Dios había hecho. Y dijo a la mujer: "¿Conque Dios les ha dicho: 'No comerán de ningún árbol del huerto'?"

2 La mujer respondió a la serpiente: "Del fruto de los árboles del huerto podemos comer;

3 pero del fruto del árbol que está en medio del huerto, Dios ha dicho: 'No comerán de él, ni lo tocarán, para que no mueran.'"

4 Y la serpiente dijo a la mujer: "Ciertamente no morirán.

⁵ Pues Dios sabe que el día que de él coman, se les abrirán los ojos y ustedes serán como Dios, conociendo el bien y el mal."

• ¿Cuál fue la perspectiva de la serpiente en cuanto a la consecuencia de desobedecer a Dios? ¿Cómo respondió cuando la mujer le dijo que no podía comer del árbol del conocimiento del bien y del mal?

⁶ Cuando la mujer (vio) que el árbol era bueno para comer, y que era agradable a los ojos, y que el árbol era deseable para alcanzar sabiduría, tomó de su fruto y comió. También dio a su marido que estaba con ella, y él comió.

• ¿Estaba la serpiente diciendo la verdad o una mentira? Explica tu respuesta.

⁷ Entonces fueron abiertos los ojos de ambos, y conocieron que estaban desnudos; y cosieron hojas de higuera y se hicieron delantales.

• ¿Qué hizo la mujer entonces? Encierra los verbos que muestran cada acción que llevó a comer el fruto prohibido. El primer verbo ya ha sido encerrado como ejemplo.

⁸ Y oyeron al Señor Dios que se paseaba en el

- ¿Quién más estuvo involucrado en la desobediencia de la mujer? ¿Cómo sucedió esto?

huerto al fresco del día. Entonces el hombre y su mujer se escondieron de la presencia del Señor Dios entre los árboles del huerto.

- ¿Qué hicieron inmediatamente después de su desobediencia? ¿Qué había cambiado para provocar esta acción de parte de Adán y Eva?

[9] Pero el Señor Dios llamó al hombre y le dijo: "¿Dónde estás?"

[10] Y él respondió: "Te oí en el huerto, tuve miedo porque estaba desnudo, y me escondí."

- ¿Quién buscó a quién?

- ¿Qué observaciones obtienes de los resultados de la desobediencia en estos versículos? Discútelos.

Apocalipsis 12:9

Y fue arrojado el gran dragón, la serpiente antigua que se llama Diablo y Satanás, el cual engaña al mundo entero. Fue arrojado a la tierra y sus ángeles fueron arrojados con él.

Juan 8:44

Ustedes son de su padre el diablo y quieren hacer los deseos de su padre. El fue un asesino desde el principio, y no se ha mantenido en la verdad porque no hay verdad en él. Cuando habla mentira, habla de su propia naturaleza, porque es mentiroso y el padre de la mentira.

OBSERVA

Veamos dos referencias que nos dan más información sobre la serpiente.

Líder: Lee Apocalipsis 12:9 y Juan 8:44. Pide al grupo que...

- *Marque cada referencia a **la serpiente, el diablo,** incluyendo pronombres y sinónimos, con un tridente.*

DISCUTE

- ¿Qué aprendiste acerca de la *serpiente* en estos versículos? ¡No te pierdas nada! Este es tu enemigo y necesitas saber todo lo que Dios te dice acerca de él.

• ¿Qué verdades ves en estos versículos que se relacionan con lo que aprendiste en Génesis? ¿Cuál es la naturaleza de este enemigo del hombre, llamada serpiente, el diablo?

OBSERVA

Ahora veamos lo que Dios le dijo a Adán después de que se unió a Eva a comer el fruto del árbol del conocimiento del bien y del mal.

Líder: Lee Génesis 3:17-19. Pide al grupo que...
  • *Dibuje un triángulo sobre el **Señor**.*
  • *Subraye las referencias a **Adán**, incluyendo los pronombres **tu** y **te**.*

DISCUTE

• ¿Qué aprendiste acerca de *Adán*?

• Observa el versículo 17. ¿Cuáles eran las opciones de Adán? ¿Cuáles eran las dos voces entre las cuales Adán tenía que escoger? Piensa en lo que observaste en Génesis hasta ahora.

Génesis 3:17-19

[17] Entonces el Señor dijo a Adán: "Por cuanto has escuchado la voz de tu mujer y has comido del árbol del cual te ordené, diciendo: 'No comerás de él,' maldita será la tierra por tu causa; Con trabajo comerás de ella todos los días de tu vida.

[18] Espinos y cardos te producirá, y comerás de las plantas del campo.

[19] Con el sudor de tu rostro comerás el pan hasta que vuelvas a la tierra, porque de ella

fuiste tomado; Pues polvo eres, y al polvo volverás."

• ¿Alguna vez te has encontrado dividido entre obedecer los mandamientos de Dios, como están revelados en Su Palabra y escuchar la voz de otro ser humano? Discute brevemente qué hizo difícil tu decisión.

• ¿Cuál fue el castigo de Adán por este acto de desobediencia?

• ¿Incluyó el castigo de Adán la muerte física? ¿Cómo lo sabes a partir del texto?

Génesis 3:20-24

[20] El hombre le puso por nombre Eva a su mujer, porque ella era la madre de todos los vivientes.

[21] El Señor Dios hizo vestiduras de piel para Adán y su mujer, y los vistió.

[22] Entonces el Señor Dios dijo: "Ahora el hombre ha venido a ser

OBSERVA

El veredicto para la desobediencia es que el hombre ahora está destinado a morir, a regresar al polvo. Pero ¿es ese el final de la historia? ¡Gracias al cielo no es así!

Líder: Lee Génesis 3:20-24. Pide al grupo que...

• *Dibuje un triángulo sobre cada referencia al **Señor Dios**, incluyendo **Nosotros**.*
• *Subraye cada referencia a **Adán** y **Eva**, incluyendo pronombres y sinónimos.*

DISCUTE

• ¿Qué aprendiste de *Eva* en Génesis 3:20?

como uno de Nosotros, conociendo ellos el bien y el mal. Cuidado ahora, no vaya a extender su mano y tome también del árbol de la vida,

• Así que según la Biblia, la Palabra de Dios, ¿quiénes son los padres de toda la humanidad? O para ponerlo de otra forma, si pudieras seguir la genealogía de todos los seres humanos, ¿quiénes serían los primeros padres?

y coma y viva para siempre."

23 Y el Señor Dios lo echó del huerto del Edén, para que labrara la tierra de la cual fue tomado.

• Después de que Adán y Eva desobedecieron a Dios, intentaron cubrir su desnudez con hojas de higuera. ¿Qué hizo Dios?

24 Expulsó, pues, al hombre; y al oriente del huerto del Edén puso querubines, y una espada encendida que giraba en todas direcciones para guardar el camino del árbol de la vida.

• ¿Qué tuvo que hacer Dios al animal para poder cubrir la desnudez de Adán y Eva?

ACLARACIÓN

Si te detienes a pensar en ello, el primer incidente de muerte física en la Palabra de Dios es de un animal – el animal cuya piel cubrió la desnudez de Adán y Eva (Génesis 3:21). Esta es una hermosa ilustración, que anuncia lo que más tarde sería la sustitución de un sacrificio de sangre para cubrir el pecado de la humanidad. En Levítico 17:11 y Hebreos 9:22, Dios explicaría que sin derramamiento de sangre no hay expiación – no se cubre, no hay perdón – de pecados. Todo esto apunta al sacrificio del Cordero de Dios, Jesucristo, lo único que puede pagar por nuestros pecados en su totalidad.

Génesis 5:5

El total de los días que Adán vivió fue de 930 años, y murió.

OBSERVA

Líder: Lee Génesis 5:5 en voz alta. Pide al grupo que…
  - *Subraye la palabra **Adán**.*
  - *Dibuje una lápida sobre la palabra **murió**.*

DISCUTE

- ¿Qué aprendiste acerca de *Adán* en este versículo?

- ¿Cómo respalda Génesis 5:5 lo que Dios dijo en Génesis 2:17 que pasaría si Adán no Lo obedecía?

- ¿Qué te dice esto de Dios?

ACLARACIÓN

Desde el comienzo Adán tenía permiso de comer de cualquier árbol del huerto, incluyendo el árbol de la vida, excepto del árbol del conocimiento del bien y del mal (Génesis 2:16-17). Adán tenía opciones y Dios fue cuidadoso al decirle las consecuencias de sus decisiones. Si Adán hubiera escogido comer del árbol de la vida en vez del árbol prohibido, hubiera vivido para siempre en comunión con Dios. Sin embargo, ya que Adán decidió por su propia voluntad desobedecer a Dios, Él en Su misericordia sacó a Adán y Eva del huerto para que no comieran del árbol de la vida y vivan para siempre en pecado, separados de su Creador. Como verás, Dios en Su omnisciencia tenía preparado un Salvador, el Cordero de Dios inmolado antes de la fundación del mundo, quien vendría en "la plenitud del tiempo" (Gálatas 4:4). Nunca dejes que el mentiroso, el asesino, te convenza de que Dios no te ama o que Él no quiere lo mejor para ti. ¡No se lo permitas!

OBSERVA

¿Por qué la consecuencia de la muerte no terminó con Adán y Eva?

Líder: *Lee Romanos 5:12 en voz alta. Pide al grupo que...*
- Marque **pecado** con una **P**.
- *Dibuje una lápida sobre la palabra* **muerte**.

> **Romanos 5:12**
>
> Por tanto, tal como el pecado entró en el mundo por medio de un hombre, y por medio del pecado la muerte, así también la muerte se extendió a todos los hombres, porque todos pecaron.

DISCUTE

- ¿Cómo entró el pecado en el mundo?

- ¿Quién es el "hombre"? ¿Cuál era el nombre de su mujer y qué significa? Si no recuerdas, busca Génesis 3:20 de nuevo.

- ¿Cuál fue el resultado de que el pecado entre al mundo? ¿A quién se aplica esto? ¿Te incluye esto a ti?

FINALIZANDO

La decisión que tomaron Adán y Eva de desobedecer, no solamente cambió sus vidas, sino que repercutió a través de la historia y afectó a todo ser humano que ha vivido.

Dios lo dejó claro desde el principio: la desobediencia trae la muerte. Debido al pecado de Adán y Eva, todos experimentaremos un día la muerte física. El polvo se convertirá en polvo.

Como vimos en Eclesiastés 3:1-2, cada uno de nosotros tiene una cita con la muerte y cumpliremos esa cita sin importar cuán ocupados estemos, cuán inconveniente sea el momento, cuánto dejemos sin hacer. Cuando Dios decide quitar Su soplo de vida, no se considerará ninguna oferta de extensión de último minuto. No tenemos la opción de negociar más tiempo. Dios establece el día y la hora según Su tiempo.

También vimos en Hebreos 9:27 que después de la muerte viene el juicio (observa también 2 Timoteo 4:1). ¿Qué tipo de juicio debemos enfrentar? ¿Hay una vía de escape? ¿Proveyó el Dios misericordioso, lleno de gracia y amor quien cubrió la desnudez de Adán y Eva, un camino para nosotros?

¿Tenemos la esperanza de vivir después de la muerte? La próxima semana, veremos lo que Dios dice.

La semana pasada aprendimos que cada uno de nosotros, sin excepción, tiene una cita con la muerte. Pero ¿es la muerte el final?

¡No! Tenemos buenas noticias. Ya que Dios es un Dios de amor y no quiere que nadie perezca, la muerte puede ser una puerta que lleve a la vida eterna.

Veamos por nosotros mismos lo que Dios tiene que decir en Su Palabra, la Biblia.

OBSERVA

Como viste la semana pasada, Adán y Eva escogieron creer en la mentira de la serpiente y desobedecer el mandamiento de Dios. Como resultado sufrieron la consecuencia de su pecado que fue la muerte.

Aunque ya observamos Romanos 5:12 la semana pasada, consideremos de nuevo este pasaje en el contexto de otros versículos de Romanos y veamos qué más tiene que decir Dios acerca del pecado y la muerte.

Líder: *Lee en voz alta Romanos 3:9-10, 23; 5:12 y 6:23. Pide al grupo que diga en voz alta y...*
- *Marque cada referencia al **pecado** con una **P**.*
- *Dibuje una lápida sobre la palabra* ***muerte***, *de esta manera:* ⌂
- *Dibuje una nube como esta* ☁ *alrededor de la frase* ***vida eterna***.

Romanos 3:9-10, 23

[9] ¿Entonces qué? ¿Somos nosotros mejores que ellos? ¡De ninguna manera! Porque ya hemos denunciado que tanto Judíos como Griegos están todos bajo pecado.

[10] Como está escrito: "No hay justo, ni aun uno;

[23] por cuanto todos pecaron y no alcanzan la gloria de Dios.

Romanos 5:12

Por tanto, tal como el pecado entró en el mundo por medio de un hombre, y por medio del pecado la muerte, así también la muerte se extendió a todos los hombres, porque todos pecaron.

Romanos 6:23

Porque la paga del pecado es muerte, pero la dádiva de Dios es vida eterna en Cristo Jesús Señor nuestro.

ACLARACIÓN

En los tiempos de la iglesia primitiva, utilizar la frase *judíos y griegos* era como decir "judíos y gentiles"; es una referencia a toda la humanidad.

DISCUTE

• ¿Qué aprendiste al marcar las referencias a *pecado*?

• ¿Qué aprendiste al marcar *muerte* en estos versículos?

• Teniendo en mente lo que observaste la semana pasada en Génesis, ¿quién es el "hombre" mencionado en Romanos 5:12 y qué sabes de él?

• Así que, de acuerdo a la Palabra de Dios, ¿cuál es el estado de toda la humanidad? ¿Hay alguna manera posible de vencer a la muerte? Si es así, ¿cuál es?

• ¿Cuál será el costo?

OBSERVA

¡La vida eterna a través de Jesucristo! ¡Un regalo! ¿Cómo es esto posible?

Líder: Lee en voz alta Juan 3:16-18, 36 y pide al grupo que…

- *Dibuje un triángulo, como este* △ *sobre cada referencia a* **Dios**, *incluyendo el pronombre* **Su**.
- *Marque cada referencia al* **Hijo**, *o* **Jesús**, *incluyendo el pronombre* **Él**, *con una cruz:* ✝. *Pide al grupo que diga "Jesús" cada vez que marque una referencia a Él.*

Líder: Lee Juan 3:16-18, 36 de nuevo. Esta vez pide al grupo que…

- *Subraye con doble línea cada referencia a* <u>**creer**</u> *y* <u>**obedecer**</u>.
- *En cada referencia a* **no creer** *o* **no obedecer**, *dibujar una línea inclinada como esta* / *sobre la palabra que esté marcada con doble línea.*
- *Dibuje una nube alrededor de las palabras* **vida eterna** *y* **vida**. ☁

Juan 3:16-18, 36

[16] "Porque de tal manera amó Dios al mundo, que dio a Su Hijo unigénito, para que todo aquél que cree en Él, no se pierda, sino que tenga vida eterna.

[17] Porque Dios no envió a Su Hijo al mundo para juzgar al mundo, sino para que el mundo sea salvo por Él.

[18] El que cree en Él no es condenado; pero el que no cree, ya ha sido condenado, porque no ha creído en el nombre del unigénito Hijo de Dios.

[36] El que cree en el Hijo tiene vida eterna; pero el que no obedece al Hijo no verá la vida, sino que

la ira de Dios permanece sobre él."

DISCUTE

- ¿Qué aprendiste acerca de Dios en estos versículos?

- ¿Qué aprendiste acerca del Hijo? ¡No te pierdas ningún detalle!

- ¿Qué dice este pasaje acerca de creer, ser salvo y tener vida eterna?

- ¿De qué se salvaría una persona al creer en el Hijo de Dios?

Lucas 1:26-27, 30-35

²⁶ Al sexto mes, el ángel Gabriel fue enviado por Dios a una ciudad de Galilea llamada Nazaret,

²⁷ a una virgen comprometida para casarse con un hombre que se llamaba José, de los descendientes de David; y el nombre de la virgen era María.

OBSERVA

¿Cómo llegó Jesús a ser el Hijo de Dios y por qué es esto importante?

Líder: Lee en voz alta Lucas 1:26-27, 30-35 y Mateo 1:20-21. Pide al grupo que...

- *Subraye cada referencia a **María**, incluyendo **virgen** y sus pronombres.*
- *Dibuje una cruz ✝ sobre cada referencia a **Jesús**, marcando cuidadosamente los pronombres y sinónimos. Pide al grupo que diga "Jesús" en voz alta al marcar cada referencia.*

DISCUTE

• ¿Qué aprendiste acerca de María en el texto?

³⁰ Y el ángel le dijo: "No temas, María, porque has hallado gracia delante de Dios.

³¹ Concebirás en tu seno y darás a luz un Hijo, y Le pondrás por nombre Jesús.

³² Este será grande y será llamado Hijo del Altísimo, y el Señor Dios Le dará el trono de

• ¿Cómo quedó María embarazada de un hijo?

Su padre David;

³³ y reinará sobre la casa de Jacob para siempre, y Su reino no tendrá fin."

³⁴ Entonces María dijo al ángel: "¿Cómo será esto, puesto que soy virgen?"

³⁵ El ángel le respondió: "El Espíritu Santo vendrá sobre ti, y el

poder del Altísimo te cubrirá con su sombra; por eso el Niño que nacerá será llamado Hijo de Dios.

Mateo 1:20-21

20 Pero mientras pensaba en esto, se le apareció en sueños un ángel del Señor, diciéndole: "José, hijo de David, no temas recibir a María tu mujer, porque el Niño que se ha engendrado en ella es del Espíritu Santo.

21 Y dará a luz un Hijo, y Le pondrás por nombre Jesús, porque Él salvará a Su pueblo de sus pecados."

• ¿De quién es el hijo? ¿Quién es el padre?

• ¿Qué aprendiste al marcar las referencias a Jesús?

• ¿Por qué el Hijo de Dios se llamaría Jesús?

• Así que ¿nació Jesús con o sin pecado? Piensa: ¿quién es Su Padre? ¿Cómo fue concebido Jesús?

OBSERVA

No solamente Jesús nació sin pecado, la Biblia nos dice que Jesús nunca pecó, aunque fue "tentado en todo como nosotros" (Hebreos 4:15). Jesús siempre hizo solo lo que le agradaba al Padre.

Así que ¿por qué Jesús dejó el cielo y se hizo humano como nosotros? Veamos lo que la Palabra de Dios dice.

Líder: Lee Hebreos 2:9, 14-15 y 2 Corintios 5:21 lentamente. Pide al grupo que...

- *Ponga una cruz sobre cada referencia a* **Jesús**, *incluyendo los pronombres* **Aquél**, **Lo** *y* **Él**.
- *Subraye cada referencia a* **la humanidad**, *como los sinónimos y pronombres* **todos**, **hijos**, **los** *y* **nosotros**.

Líder: Lee el texto de nuevo. Esta vez pide al grupo que...

- *Marque con una lápida cada vez que aparezca la palabra* **muerte**.
- *Marque cada referencia al* **diablo**, *incluyendo sus pronombres, con un tridente.*

Hebreos 2:9, 14-15

⁹ Pero vemos a Aquél que fue hecho un poco inferior a los ángeles, es decir, a Jesús, coronado de gloria y honor a causa del padecimiento de la muerte, para que por la gracia de Dios probara la muerte por todos.

¹⁴ Así que, por cuanto los hijos participan de carne y sangre, también Jesús participó de lo mismo, para anular mediante la muerte el poder de aquél que tenía el poder de la muerte, es decir, el diablo,

¹⁵ y librar a los que por el temor a la muerte, estaban sujetos a esclavitud durante toda la vida.

2 Corintios 5:21

Al que no conoció pecado, Lo hizo pecado por nosotros, para que fuéramos hechos justicia de Dios en Él.

DISCUTE

• ¿Qué aprendiste al marcar los pronombres que se refieren a Jesús?

• ¿Qué aprendiste al marcar las referencias a la humanidad?

• ¿Qué significa que Jesús participó de "carne y sangre" y por qué es esto importante?

• ¿Qué aprendiste al marcar *muerte*?

• Detente y piensa un momento: ¿qué le da al diablo el poder de la muerte? (Recuerda Romanos 6:23: "la paga por el pecado es la muerte").

• Si Jesús pagó por todos tus pecados al hacerse pecado por ti, ¿qué le sucedió al poder del diablo? ¿Por qué?

• ¿Qué tipo de noticia es esta y por qué?

OBSERVA

Tal vez has escuchado "el evangelio". ¿Qué significa este término? El evangelio es las buenas noticias acerca de Jesucristo, quien nos puede dar salvación a través del perdón de nuestros pecados. El apóstol Pablo estableció los fundamentos del evangelio en el capítulo 15 de su carta a los Corintios, en el que se ha venido a llamar el capítulo de la resurrección.

Observemos una porción de él, junto con 1 Juan 2:2.

Líder: Lee 1 Corintios 15:1-7 y 1 Juan 2:2 en voz alta. Pide al grupo que...

- *Ponga un visto bueno como este* ✓ *sobre cada referencia al **evangelio**, incluyendo el pronombre **el cual** y la frase **la palabra que les prediqué**.*
- *Encierre en un círculo **que**, comenzando en el versículo 3.*
- *Ponga una cruz sobre cada referencia a **Cristo**, incluyendo sus pronombres.*

1 Corintios 15:1-7

¹ Ahora les hago saber, hermanos, el evangelio que les prediqué, el cual también ustedes recibieron, en el cual también están firmes,

² por el cual también son salvos, si retienen la palabra que les prediqué, a no ser que hayan creído en vano.

³ Porque yo les entregué en primer lugar lo mismo que recibí: que Cristo murió por nuestros pecados, conforme a las Escrituras;

⁴ que fue sepultado y que resucitó al tercer día, conforme a las Escrituras;

⁵ que se apareció a Cefas y después a los doce.

⁶ Luego se apareció a más de 500 hermanos a la vez, la mayoría de los cuales viven aún, pero algunos ya duermen.

⁷ Después se apareció a Jacobo luego a todos los apóstoles.

1 Juan 2:2

Él mismo es la propiciación por nuestros pecados, y no sólo por los nuestros, sino también por los del mundo entero.

Líder: *Ahora lee 1 Corintios 15:1-7 y 1 Juan 2:2 de nuevo en voz alta. Esta vez pide al grupo que…*

• *Ponga una lápida sobre la palabra **murió**.*

• *Marca la palabra **resucitó** con una flecha hacia arriba, de esta manera:* ↑

DISCUTE

• ¿Qué aprendiste al marcar todas las referencias al evangelio en los versículos 1 y 2?

• ¿Es suficiente con simplemente oír el evangelio, para poder explicárselo a otra persona?

• ¿Qué crees que significa creer "en vano"?

• Así que ¿qué debemos creer? ¿Cuál fue el mensaje del evangelio en los versículos 3-7? Observa los *que* que encerraste y verás las partes esenciales del evangelio que se deben creer sin desviarse de ellas. Discútelas y luego responde lo siguiente:

- ¿Por qué murió Jesús y qué requiere esto que un creyente admita acerca de si mismo?

- ¿Qué te dice el hecho de que Jesús fue sepultado?

- ¿Qué sucedió después de que Jesús fue sepultado?

- Ya que Jesús murió, fue sepultado y resucitó de los muertos, ¿qué puedes saber acerca de Su muerte por el pecado de la humanidad? ¿Fue suficiente para pagar la deuda del pecado de cada ser humano? (Lee de nuevo 1 Juan 2:2).

ACLARACIÓN

Propiciación significa "satisfacción". La muerte de Jesús satisfizo la santidad de un Dios justo; por lo tanto Dios pudo perdonar el pecado de la humanidad. Pero este pago aplica tan solo para los que lo aceptan, para los que creen en las buenas nuevas de que Jesucristo murió por nuestros pecados y que, habiendo satisfecho la justicia de Su santo Padre, se levantó de los muertos para nunca más morir de nuevo. El pecado fue pagado y por lo tanto la muerte fue vencida.

Los puntos principales del evangelio son estos:

1. Jesús murió por nuestros pecados conforme a las Escrituras. La prueba de Su muerte es Su sepultura.
2. Jesús resucitó de los muertos conforme a las Escrituras. La prueba de Su resurrección fue el hecho de que Jesús fue visto por muchas personas en numerosas ocasiones.

Juntos, la muerte de Jesucristo y Su resurrección garantizan que nuestros pecados son perdonados por completo y que habrá una resurrección a la vida para todos los que creen, los que se mantienen firmes en este evangelio. ¡Estas son buenas noticias!

OBSERVA

Terminemos el estudio de esta semana con dos pasajes que confirman la certeza de la vida después de la muerte física para los que realmente creen que Jesús es el Cristo, el Hijo de Dios.

Líder: Lee 1 Corintios 15:20-22 en voz alta. Pide al grupo que…

- *Ponga una cruz sobre cada referencia a **Cristo (Jesús)**, incluyendo sinónimos y pronombres. Al marcar cada referencia, pide al grupo que diga "Jesús" en voz alta.*
- *Dibuje una lápida sobre cada referencia a la **muerte**.*
- *Marque **resucitados**, **resurrección** y **vivificados** con una flecha hacia arriba.*

1 Corintios 15:20-22

20 Pero ahora Cristo ha resucitado de entre los muertos, primicias de los que durmieron.

21 Porque ya que la muerte entró por un hombre, también por un hombre vino la resurrección de los muertos.

22 Porque así como en Adán todos mueren, también en Cristo todos serán vivificados.

DISCUTE

- ¿Qué aprendiste al marcar las referencias a Cristo?

- ¿Qué aprendiste al marcar las referencias a la muerte?

- ¿Quién es el hombre por el cual entró la muerte y por qué entró? (Ten en mente lo que aprendiste la semana pasada en Génesis).

- ¿Qué significa estar en Cristo versus estar en Adán? ¿Cuál es el destino para los que están en Adán? ¿Y para los que están en Cristo?

- Así que, ¿dónde estás – en Adán o en Cristo? ¿Cómo lo sabes?

FINALIZANDO

Cada segundo, la gente muere. Veinticuatro horas al día, siete días a la semana. Así tratemos de sostener la vida, la muerte es inevitable porque todos nacimos en pecado.

Sin embargo, hay buenas noticias – maravillosas y transformadoras noticias. Nuestro Creador nos ama. Él no nos abandonó en nuestro pecado; de hecho, Él nos amó, incluso antes de que nos volviéramos a Él (1 Juan 4:19). Está escrito en Su Palabra y preservada para la eternidad: "siendo aún pecadores, Cristo murió por nosotros… cuando éramos enemigos fuimos reconciliados con Dios por la muerte de Su Hijo" (Romanos 5:8, 10).

Hay vida más allá de las puertas de la muerte para todos los que creen en Jesús el Hijo de Dios, quien pagó por nuestros pecados en su totalidad y por lo tanto rompió el poder de la muerte de Satanás.

"Y el testimonio es éste: que Dios nos ha dado vida eterna y esta vida está en Su Hijo. El que tiene al Hijo tiene la vida y el que no tiene al Hijo de Dios, no tiene la vida" (1 Juan 5:11-12).

Así que hagamos de nuevo la pregunta, ya que la respuesta es cuestión de vida o muerte eterna: ¿Qué te espera más allá de las puertas de la muerte – y cómo lo sabes?

Hasta aquí en nuestro estudio hemos visto que la muerte es segura – y por qué. Sin embargo, Dios es vida, no muerte. En Su amor, misericordia y omnisciencia Dios proveyó una vía de escape. Desde el comienzo, de múltiples maneras que no tenemos tiempo de explorar completamente en este estudio, Dios le hizo saber al hombre que el Mesías, el Cristo, vendría. En la plenitud del tiempo Dios enviaría a Su Hijo, nacido de una virgen, nacido sin pecado, para que Él pueda pagar totalmente nuestra deuda por el pecado, ofreciéndonos el perdón de los pecados y el regalo de la vida eterna. Este Ungido herirá la cabeza de la serpiente antigua (Génesis 3:15).

Así que ¿qué necesitamos saber acerca de la vida después de la muerte? ¿Qué podemos aprender acerca de la resurrección de los muertos? ¿Qué sucede después de la muerte para los que creen en Jesucristo y para los que no? ¿Quién determina el tiempo de la muerte?

Esto es lo que queremos observar esta semana.

OBSERVA

Tomemos la última pregunta primero: ¿Quién determina el día de la muerte? ¿Puede un individuo posponer la muerte o escoger el día de su muerte?

Líder: Lee en voz alta Eclesiastés 8:8 y Mateo 6:27. Al hacerlo, pide al grupo que diga en voz alta y...

- *Subraye cada referencia al **hombre**, incluyendo el pronombre **ustedes**.*

Eclesiastés 8:8

No hay hombre que tenga potestad para refrenar el viento con el viento, ni potestad sobre el día de la muerte.

Mateo 6:27

¿Quién de ustedes, por ansioso que esté, puede añadir una hora al curso de su vida?

- *Encierre en un círculo cada referencia al* ***tiempo***, *palabras como* ***día*** *y* ***hora***.
- *Marque la palabra* ***muerte*** *con una lápida:*

⌂

DISCUTE

- Después de que una persona recibe la alarmante noticia de que él o ella tiene una condición que resultará en la muerte, ¿cuál se vuelve generalmente el objetivo de esa persona?

- ¿Qué aprendiste al marcar las palabras *hombre* y *ustedes*?

- ¿Qué tipo de sentimientos provoca el saber esto y por qué?

OBSERVA

Si ningún hombre tiene autoridad sobre el día de su muerte, ¿quién o qué gobierna la vida y la muerte?

Líder: Lee en voz alta Job 14:5 y Salmo 139:16. Pide al grupo que…
- *Subraye las referencias al **hombre**: **sus**, **mi**, **me**.*
- *Dibuje un triángulo sobre los pronombres **Tu(s)** y **Te**, que se refieren a **Dios**.*

DISCUTE

- Tomando un versículo a la vez, discute lo que aprendiste al marcar *hombre* y *Dios* en estos versículos.

- ¿Quién determina cuánto tiempo vivirá una persona?

- ¿Qué preguntas trae este conocimiento a tu mente? ¿Cómo te hace sentir esto?

- Si una persona no cree en Dios, ¿cambia esto quién determina cuánto tiempo vivirá esa persona? Explica tu respuesta.

Job 14-5

Ya que sus días están determinados, el número de sus meses Te es conocido, y has fijado sus límites para que no pueda pasarlos.

Salmos 139:16

Tus ojos vieron mi embrión, y en Tu libro se escribieron todos los días que me fueron dados, cuando no existía ni uno solo de ellos.

Deuteronomio 32:39

Vean ahora que Yo, Yo soy el Señor, y fuera de Mí no hay dios. Yo hago morir y hago vivir. Yo hiero y Yo sano, y no hay quien pueda librar de Mi mano.

1 Samuel 2:6

El Señor da muerte y da vida; hace bajar al Seol y hace subir.

Apocalipsis 1:17-18

[17] Cuando Lo vi, caí como muerto a Sus pies. Y Él puso Su mano derecha sobre mí, diciendo: "No temas, Yo soy el Primero y el Último,

[18] y el que vive, y estuve muerto. Pero ahora estoy vivo por los siglos de los siglos, y tengo las

OBSERVA

Líder: Lee en voz alta Deuteronomio 32:39; 1 Samuel 2:6; y Apocalipsis 1:17-18. Pide al grupo que diga en voz alta y...

- *Marque cada referencia a **Dios**, incluyendo sus pronombres, con un triángulo.*
- *Marque cada referencia a la **muerte** y dar muerte con una lápida.*
- *Marque cada referencia a **Jesús** (en los versículos de Apocalipsis) con una cruz.*

ACLARACIÓN

Seol es una palabra difícil de traducir. Sin embargo, cuando ves cómo se usa en la Biblia, está siempre conectada con la muerte, con la tumba. La Septuaginta, la traducción al griego del Antiguo Testamento, tradujo el hebreo *Seol* como *Hades*, que significa "los que no se ven".

DISCUTE

* ¿Qué aprendiste al marcar las referencias a Dios en Deuteronomio y 1 Samuel? ¡No te pierdas ninguna verdad!

llaves de la muerte y del Hades.

* ¿Qué aprendiste al marcar las referencias a Jesús en los versículos de Apocalipsis? Observa cuidadosamente para que no te pierdas nada.

* ¿Qué aprendiste de la muerte? ¿Qué significa que Jesús "tiene las llaves de la muerte y del Hades"? Detente y piensa: ¿qué hacen las llaves?

* Si has perdido un ser querido, ¿cómo te hace sentir que Dios está a cargo de la muerte? ¿Por qué?

Job 14:14

Si el hombre muere, ¿volverá a vivir? Todos los días de mi batallar esperaré hasta que llegue mi relevo.

Job 19:25-27

²⁵ Yo sé que mi Redentor vive, y al final se levantará sobre el polvo.

²⁶ Y después de deshecha mi piel, aun en mi carne veré a Dios;

²⁷ Al cual yo mismo contemplaré, y a quien mis ojos verán y no los de otro. ¡Desfallece mi corazón dentro de mí!

OBSERVA

El libro de Job es el libro más antiguo de la Biblia. En él, Job hizo una pregunta que está en el corazón de multitudes.

Líder: Lee Job 14:14 y 19:25-27 en voz alta. Pide al grupo que...

- *Dibuje una línea ondulada bajo la* **pregunta** *que hace Job, de esta manera:*

〰〰〰

- *Subraye las referencias a* **Job** *y sus pronombres* **mi(s)** *y* **yo.**
- *Dibuje una cruz sobre cada referencia al* **Redentor**, *incluyendo pronombres.*

DISCUTE

- ¿Qué pregunta hizo Job y a qué conclusión llegó?

- ¿Qué aprendiste al marcar las referencias a *Job*?

- ¿Qué aprendiste al marcar las referencias al *Redentor*?

• ¿Qué leíste en estos versículos que indique que Job creía en la resurrección del cuerpo?

OBSERVA

Veamos otros dos pasajes del Antiguo Testamento que hablan de la resurrección.

Líder: Lee en voz alta Isaías 26:19 y Daniel 12:2 y pide al grupo que ...

• *Dibuje una lápida sobre las palabras* **muertos**, **cadáveres**, **moradores del polvo**, **espíritus** *y* **duermen**.

• *Dibuje una nube* ⟨☁⟩ *sobre las palabras* **despertarán** *y* **vida**.

DISCUTE

• ¿Qué aprendiste al marcar todas las referencias a la *muerte*?

• ¿Qué términos se utilizan aquí que sugieren que estos versículos describen la resurrección de los muertos?

• ¿Cuáles son los dos destinos de "los que duermen"?

Isaías 26:19

Tus muertos vivirán,
Sus cadáveres se
levantarán. ¡Moradores
del polvo, despierten y
den gritos de júbilo!,
porque tu rocío es como
el rocío del alba, y la
tierra dará a luz a los
espíritus.

Daniel 12:2

Y muchos de los que
duermen en el polvo
de la tierra despertarán,
unos para la vida
eterna, y otros para
la ignominia, para el
desprecio eterno.

Mateo 22:23-24, 28-32

²³ Ese día se acercaron a Jesús algunos Saduceos, los que dicen que no hay resurrección,

²⁴ y Le dijeron: "Maestro, Moisés dijo: 'Si alguien muere sin tener hijos, su hermano, como pariente mas cercano, se casará con su mujer y levantará descendencia a su hermano.'

²⁸ Por tanto, en la resurrección, ¿de cuál de los siete será mujer? Porque todos ellos la tuvieron."

²⁹ Pero Jesús les respondió: "Están equivocados por no comprender las Escrituras ni el poder de Dios.

OBSERVA

En el tiempo de Jesús, ¿todos los que adoraban a Dios creían en la resurrección? ¿Qué enseñó Jesús?

Veamos dos pasajes de los Evangelios. Comenzaremos con un pasaje en Mateo, donde un grupo de judíos religiosos cuestionaron a Jesús sobre la resurrección. Presentaron un ejemplo donde siete hermanos habían muerto uno detrás del otro y sin producir un heredero. Conforme a la Ley, cada uno en su turno se casó con la misma mujer, quien permaneció sin tener hijos durante los siete matrimonios. Luego la esposa murió.

Líder: Lee Mateo 22:23-24, 28-32 en voz alta. Pide al grupo que…

- *Marque cada referencia a la **muerte** con una lápida.*
- *Dibuje una flecha hacia arriba sobre la palabra **resurrección**.*
- *Ponga una línea inclinada sobre la frase **no hay resurrección**.*
- *Marque las referencias a **Dios** con un triángulo.*

DISCUTE

* ¿Qué aprendiste al marcar las referencias a *resurrección*?

* ¿Qué aprendiste acerca de Dios en estos versículos?

* ¿Cómo apoya la respuesta de Jesús la certeza de la resurrección?

³⁰ Porque en la resurrección, ni se casan ni son dados en matrimonio, sino que son como los ángeles de Dios en el cielo.

³¹ Y en cuanto a la resurrección de los muertos, ¿no han leído lo que les fue dicho por Dios, cuando dijo:

³² 'Yo soy el Dios de Abraham, y el Dios de Isaac, y el Dios de Jacob'? Él no es Dios de muertos, sino de vivos."

Juan 11:11-15

¹¹ Dijo esto, y después añadió: "Nuestro amigo Lázaro se ha dormido; pero voy a despertarlo."

¹² Los discípulos entonces Le dijeron: "Señor, si se ha dormido, se recuperará".

¹³ Jesús había hablado de la muerte de Lázaro, pero ellos creyeron que hablaba literalmente del sueño.

¹⁴ Entonces Jesús, por eso, les dijo claramente: "Lázaro ha muerto;

¹⁵ y por causa de ustedes me alegro de no haber estado allí, para que crean; pero vamos a donde está él."

OBSERVA

Cerca del final de Su último año de ministerio, Jesús recibió la noticia de que Lázaro, un buen amigo, estaba enfermo. En vez de acudir a su lado inmediatamente, Jesús retrasó dos días su viaje para ir a verlo.

Líder: Lee Juan 11:11-15. Pide al grupo que…
- *Subraye las referencias a **Lázaro**, incluyendo pronombres.*
- *Dibuje un semicírculo sobre **dormido**, **sueño**, de esta manera:*
- *Dibuje una lápida sobre las palabras **muerte** y **muerto**.*
- *Subraye con una línea doble la palabra **creyeron**.*

DISCUTE

- ¿Qué aprendiste acerca de Lázaro?
- ¿Qué aprendiste al marcar *dormido*? ¿Qué quiso decir Jesús con eso?
- ¿Cuál fue un propósito del retraso de Jesús?

Líder: Lee Juan 11:17, 21-26 en voz alta. Pide al grupo que...

- Subraye todas las referencias a **Lázaro**, incluyendo sinónimos y pronombres.
- Marque todas las referencias a la **muerte** con una lápida.
- Ponga una flecha hacia arriba sobre **resucitará** y **resurrección**.
- Dibuje una nube alrededor de **vida**, **vivirá** y **vive**.
- Subraye con una línea doble cada vez que aparezca la palabra **cree(s)**.

DISCUTE

- ¿Qué aprendiste acerca de *Lázaro* en estos versículos?

- ¿Qué creía Marta acerca de la resurrección?

- ¿Qué aprendiste al marcar las referencias a la *resurrección*?

Juan 11:17, 21-26

17 Llegó, pues, Jesús y halló que ya hacía cuatro días que Lázaro estaba en el sepulcro.

21 Y Marta dijo a Jesús: "Señor, si hubieras estado aquí, mi hermano no habría muerto.

22 Aun ahora, yo sé que todo lo que pidas a Dios, Dios Te lo concederá."

23 "Tu hermano resucitará," le dijo Jesús.

24 Marta Le contestó: "Yo sé que resucitará en la resurrección, en el día final."

25 Jesús le contestó: "Yo soy la resurrección y la vida; el que cree

en Mí, aunque muera, vivirá,

* ¿Cómo se puede vivir incluso si uno muere?

²⁶ y todo el que vive y cree en Mí, no morirá jamás. ¿Crees esto?"

* ¿Para quién es esto posible? ¿Qué aprendiste al marcar *cree(s)*?

Juan 5:24-29

²⁴ "En verdad les digo: el que oye Mi palabra y cree al que Me envió, tiene vida eterna y no viene a condenación, sino que ha pasado de muerte a vida.

²⁵ En verdad les digo que viene la hora, y ahora es, cuando los muertos oirán la voz del Hijo de Dios, y los que oigan vivirán.

OBSERVA

Veamos lo que enseñó Jesús acerca de la resurrección antes de este incidente con Lázaro.

Líder: Lee Juan 5:24-29. Pide al grupo que...
* *Marque cada pronombre que se refiera a* ***Jesús* – *Mi*, *Me*, *Él* *– con una cruz.**
* *Marque* ***vida eterna***, ***vida*** *y* ***vivirán*** *con una nube.*
* *Marque todas las referencias a la* ***muerte*** *con una lápida.*
* *Marque la palabra* ***resurrección*** *con una flecha hacia arriba.*

DISCUTE

• ¿Qué aprendiste acerca de *Jesús* en este pasaje de la Escritura?

²⁶ Porque como el Padre tiene vida en Él mismo, así también Le dio al Hijo el tener vida en Él mismo;

• ¿Qué es verdad acerca de los que escuchan Su palabra y creen en Dios?

²⁷ y Le dio autoridad para ejecutar juicio, porque Él es el Hijo del Hombre.

• ¿Qué sucederá cuando los muertos escuchen la voz del Hijo de Dios?

²⁸ No se queden asombrados de esto, porque viene la hora en que todos los que están en los sepulcros oirán Su voz,

• ¿Qué enseñó Jesús acerca de la *resurrección*? ¿Qué dos distinciones hizo Él?

²⁹ y saldrán: los que hicieron lo bueno, a resurrección de vida, y los que practicaron lo malo, a resurrección de juicio.

Efesios 1:13-14

¹³ En Él también ustedes, después de escuchar el mensaje de la verdad, el evangelio de su salvación, y habiendo creído, fueron sellados en Él con el Espíritu Santo de la promesa,

¹⁴ que nos es dado como garantía de nuestra herencia, con miras a la redención de la posesión adquirida de Dios, para alabanza de Su gloria.

Romanos 8:10-11, 23

¹⁰ Y si Cristo está en ustedes, aunque el cuerpo esté muerto a causa del pecado, sin embargo, el espíritu está vivo a causa de la justicia.

OBSERVA

Finalmente, veamos el rol del Espíritu Santo con respecto a la resurrección de aquellos que mueren siendo creyentes.

Líder: Lee Efesios 1:13-14 y Romanos 8:10-11, 23. Pide al grupo que...

- *Subraye los pronombres **ustedes**, **su**, **nos**, **nuestra**.*
- *Marque las referencias al **Espíritu de Dios**, incluyendo los pronombres, de esta manera:*
- *Sobre cada referencia a **cuerpo** o **cuerpos**, incluyendo la frase **posesión adquirida de Dios**, dibuja una figura de hombre de esta manera:*

DISCUTE

- ¿Cuál es la progresión de eventos en la vida de un creyente, como lo describe Pablo en Efesios 1:13-14?

- ¿Qué enseñan estos dos pasajes acerca de nuestros *cuerpos*?

• ¿Dónde en estos versículos ves una división, una separación, entre el cuerpo y el espíritu del ser humano? ¿Es esta división permanente? Explica tu respuesta.

• De todo lo que has aprendido hasta ahora en este estudio, ¿crees que nos reconoceremos como individuos después de la muerte, como lo somos ahora? ¿Reconoceremos a aquellos que conocimos antes de morir? ¿Qué te hace pensar así?

• Repasa lo que estos versículos enseñan acerca del Espíritu Santo. ¡No te pierdas ningún detalle!

Líder: *Da tiempo a los miembros del grupo para pensar en la siguiente pregunta.*

• *Si la resurrección sucediera hoy, ¿en qué grupo estarías tu? ¿Cómo lo sabes?*

[11] Pero si el Espíritu de Aquél que resucitó a Jesús de entre los muertos habita en ustedes, el mismo que resucitó a Cristo Jesús de entre los muertos, también dará vida a sus cuerpos mortales por medio de Su Espíritu que habita en ustedes.

[23] Y no sólo ella, sino que también nosotros mismos, que tenemos las primicias del Espíritu, aun nosotros mismos gemimos en nuestro interior, aguardando ansiosamente la adopción como hijos, la redención de nuestro cuerpo.

FINALIZANDO

La muerte de un ser querido puede traer mucho dolor. Tanto así que no queremos oír o siquiera pensar, que Dios tuvo algo que ver con su muerte. Sin embargo cuando tienes un entendimiento bíblico completo de Dios, de Su carácter y soberanía, el conocer y asumir las verdades que has estado aprendiendo puede traer consuelo y paz que sobrepasa todo entendimiento.

Ningún ser humano puede morir o incluso cometer suicidio, sin que Dios permita que suceda. Porque Dios es soberano, gobierna sobre todo, incluyendo la muerte y el día de la muerte. La resurrección de Jesús se lleva el dolor y la agonía de la muerte. La muerte no tuvo dominio sobre Él (¡Hechos 2:24!). Él "fue entregado por causa de nuestras transgresiones y resucitado para nuestra justificación" (Romanos 4:25). ¡Tenemos esperanza porque tenemos un salvador llamado Jesús!

Al considerar esto, amigo, recuerda que Dios es amor – y mucho más. Él es santo, justo y perfecto en todos Sus caminos. Dios no puede actuar por fuera de quien Él es; por tanto, todo lo que viene a nuestras vidas está filtrado a través de Sus dedos de amor. Aunque tengamos preguntas, aunque nos preguntemos los por qué y los cómo y tengamos dudas, la paz viene tan solo cuando decidimos aferrarnos a lo que Dios nos dice en Su Palabra, la Biblia.

Así que considera lo que has aprendido en estas últimas tres semanas. Recuerda, la tumba no es el final. Vendrá la resurrección – una resurrección de los justos a la vida y de los impíos al juicio eterno.

La próxima semana veremos más de cerca la resurrección a la vida, que te debe motivar grandemente, especialmente si tu o un ser querido están enfrentando las noticias de una muerte inminente.

Un estudio exhaustivo de todas las Escrituras indican que dentro de cada cuerpo humano hay un alma, el espíritu del hombre, que vive después de que el cuerpo muere. La pregunta es, ¿a dónde va esa alma después de la muerte física?

¿Qué viene después de la muerte para los creyentes? ¿Tendremos nuevos cuerpos? Si es así, ¿cuándo? ¿Qué aspecto tendrán?

Esta semana consideraremos todas estas preguntas al aprender lo que la Biblia revela acerca de lo que está más allá de la puerta de la muerte para el hijo de Dios.

OBSERVA

Líder: Lee Santiago 2:26 y Mateo 10:28. Pide al grupo que diga en voz alta y ...

- *Marque cada referencia al **cuerpo** con una figura como esta: ♀*
- *Dibuje una línea ondulada bajo la palabra **alma** y **espíritu**, de esta manera: ~~~~~*
- *Dibuje un triángulo sobre **Aquél**, que aquí se refiere a **Dios el Padre**.*

DISCUTE

- ¿Qué aprendiste al marcar las referencias al *cuerpo*?

- ¿Qué aprendiste al marcar *espíritu* y *alma*?

Santiago 2:26

Porque así como el cuerpo sin el espíritu está muerto, así también la fe sin las obras está muerta.

Mateo 10:28

No teman a los que matan el cuerpo, pero no pueden matar el alma; más bien teman a Aquél que puede hacer perecer tanto el alma como el cuerpo en el infierno.

• Los discípulos de Jesús iban a ser odiados por el mundo y consecuentemente iban a sufrir en gran manera, algunos hasta la muerte. ¿Cómo podrían haberles ayudado las palabras de Jesús en Mateo 10:28?

• La palabra *teman* trae la idea de respeto, confianza. Cuando se trata de entender la muerte, ¿a quién le vas a creer? De lo que has aprendido, ¿puede algún ser humano quitarte la vida sin el permiso de Dios? Así que, ¿a quién le temerás?

Lucas 16:19-26

¹⁹ "Había cierto hombre rico que se vestía de púrpura y lino fino, celebrando cada día fiestas con esplendidez.

²⁰ Y un pobre llamado Lázaro que se tiraba en el suelo a su puerta cubierto de llagas,

²¹ ansiaba saciarse de las migajas que caían de la

OBSERVA

Si la muerte implica la separación del alma del cuerpo, ¿qué le sucede al alma, al espíritu del hombre, después de que su cuerpo muere? Veamos lo que podemos aprender del relato que Jesús dio sobre la vida y muerte de dos hombres – y su encuentro con el Abraham de la antigüedad.

Líder: Lee Lucas 16:19-26 en voz alta. Pide al grupo que…

• *Marque la referencia al **hombre rico** con un signo de dólar, de esta manera: $*

- *Subraye todas las referencias al **hombre pobre**, llamado **Lázaro**.*
- *Dibuja una lápida sobre la palabra **murió**.*
- *Marca **Hades** con una flecha hacia abajo, de esta manera:* ↓

DISCUTE

- ¿Qué aprendiste de la vida del hombre rico antes de que muriera?

- ¿Qué aprendiste de la vida del hombre pobre antes de que muriera?

- ¿Qué le sucedió al hombre rico después de que murió? ¿Dónde estaba y cómo era ese lugar?

ACLARACIÓN

Hades es el término griego para el reino de los muertos, la morada de los impíos. Es el lugar donde van los incrédulos desde el tiempo de su muerte hasta su juicio final, que estudiaremos en la Quinta Semana.

---

mesa del rico; además, hasta los perros venían y le lamían las llagas.

[22] Sucedió que murió el pobre y fue llevado por los ángeles al seno de Abraham; y murió también el rico y fue sepultado.

[23] En el Hades el rico alzó sus ojos, estando en tormentos, y vio a Abraham a lo lejos, y a Lázaro en su seno.

[24] Y gritando, dijo: 'Padre Abraham, ten misericordia de mí, y envía a Lázaro para que moje la punta de su dedo en agua y refresque mi lengua, pues estoy en agonía en esta llama.'

²⁵ Pero Abraham le dijo: 'Hijo, recuerda que durante tu vida recibiste tus bienes, y Lázaro, igualmente, males; pero ahora él es consolado aquí, y tú estás en agonía.

- Compara a Lázaro con el hombre rico. ¿Cuál era la situación de Lázaro después de la muerte?

²⁶ Además de todo esto, hay un gran abismo puesto entre nosotros y ustedes, de modo que los que quieran pasar de aquí a ustedes no pueden, y tampoco nadie puede cruzar de allá a nosotros.'

- Abraham mencionó un "gran abismo" en el versículo 26. Considera dónde está cada alma en este relato. ¿Qué te dice esto de la muerte?

- De todo lo que has estudiado en la Palabra de Dios, ¿qué sucede después de la muerte? ¿Hay alguna manera de regresar o cambiar de destino? Explica tu respuesta.

OBSERVA

Veamos el resto de la historia.

Líder: *Lee en voz alta Lucas 16:27-31. Pide al grupo que…*

- *Marque cada referencia al **hombre rico** y a **Lázaro**, incluyendo pronombres, con una figura.*
- *Dibuje una flecha hacia abajo para marcar **lugar de tormento**.*
- *Dibuje una lápida sobre la palabra **muertos**.*

ACLARACIÓN

"Moisés y los profetas" es una referencia a la Biblia judía, el Antiguo Testamento. No había Nuevo Testamento en el tiempo de la vida y ministerio de Jesús.

DISCUTE

- ¿Qué pidió el hombre rico en estos versículos y por qué?

- ¿Qué preocupación motivó su pedido, según el versículo 28?

Lucas 16:27-31

[27] Entonces él dijo: 'Te ruego, pues, padre, que lo envíes a la casa de mi padre,

[28] pues tengo cinco hermanos, de modo que él los prevenga, para que ellos no vengan también a este lugar de tormento.'

[29] Pero Abraham dijo: 'Ellos tienen a Moisés y a los Profetas; que los oigan a ellos.'

[30] Y el rico contestó: 'No, padre Abraham, sino que si alguien va a ellos de entre los muertos, se arrepentirán.'

[31] Pero Abraham le contestó: 'Si no

escuchan a Moisés y a los Profetas, tampoco se persuadirán si alguien se levanta de entre los muertos.'"

• ¿Cuál fue la respuesta de Abraham al pedido del hombre rico? No solamente lo repitas; discute lo que dijo Abraham. Piensa en la magnitud de sus palabras, la verdad que declaró.

• Lee los versículos 30-31 de nuevo. *Arrepentirse* significa "tener un cambio de parecer que lleve a un cambio de dirección". ¿Qué pensó el hombre rico que lograría que sus hermanos se arrepintieran? ¿Qué te dice esto de los hermanos del hombre rico?

• ¿Cómo le contestó Abraham al hombre rico?

• Recuerda, vimos en la segunda semana que Jesús murió y resucitó conforme a las Escrituras; esas Escrituras eran el Antiguo Testamento – "Moisés y los Profetas". Así que, ¿qué tan importante es la porción del Antiguo Testamento en la Biblia para ti?

OBSERVA

¿Describe el pasaje que acabamos de leer el destino *final* de un alma? ¿Estamos destinados al tormento del Hades o al consuelo del seno de Abraham? ¿O todavía falta la resurrección del cuerpo? Veamos de nuevo el capítulo de resurrección de Pablo, que vimos en la Segunda Semana, para ver qué nos dice.

Líder: Lee 1 Corintios 15:12-22 en voz alta. Pide al grupo que diga en voz alta y marque...

* *Cada referencia a **Cristo**, incluyendo pronombres, con una cruz.*

* *Cada referencia a la **resurrección**, incluyendo el sinónimo **vivificados**, con una flecha hacia arriba.*

* *Cada referencia a los **muertos** y **los que han dormido** con una lápida.*

* *Cada referencia a **Dios**, incluyendo pronombres, con un triángulo.*

Líder: Lee de nuevo este pasaje lentamente para que el grupo pueda absorber lo que el texto nos enseña.

1 Corintios 15:12-22

[12] Ahora bien, si se predica que Cristo ha resucitado de entre los muertos, ¿cómo dicen algunos entre ustedes que no hay resurrección de muertos?

[13] Y si no hay resurrección de muertos, entonces ni siquiera Cristo ha resucitado;

[14] y si Cristo no ha resucitado, vana es entonces nuestra predicación, y vana también la fe de ustedes.

[15] Aún más, somos hallados testigos falsos de Dios, porque hemos testificado contra Dios que Él resucitó a Cristo, a quien no resucitó, si en verdad los muertos no resucitan.

¹⁶ Porque si los muertos no resucitan, entonces ni siquiera Cristo ha resucitado;

¹⁷ y si Cristo no ha resucitado, la fe de ustedes es falsa; todavía están en sus pecados.

¹⁸ Entonces también los que han dormido en Cristo están perdidos.

¹⁹ Si hemos esperado en Cristo para esta vida solamente, somos, de todos los hombres, los más dignos de lástima.

²⁰ Pero ahora Cristo ha resucitado de entre los muertos, primicias de los que durmieron.

²¹ Porque ya que la muerte entró por un hombre, también por un hombre vino la resurrección de los muertos.

DISCUTE

• ¿Cuáles son las implicaciones de decir que no hay resurrección, de creer que todo termina para un individuo en la tumba, el ataúd, las cenizas?

• Si no hay resurrección, ¿cuáles son las consecuencias, según el:

Versículo 17?

Versículo 18?

Versículo 19?

• En el versículo 20, ¿qué significa la palabra "primicias" y a qué apunta?

- Así que según los versículos 20-22, ¿hay resurrección para los que están dormidos? Si es así, ¿cómo – a través de quién – es posible?

22 Porque así como en Adán todos mueren, también en Cristo todos serán vivificados.

OBSERVA

Ya que vivimos más allá de la muerte, ¿qué clase de cuerpos tendremos? Veamos lo que el apóstol Pablo le dice a los Corintios.

Líder: Lee en voz alta 1 Corintios 15:35-38. Pide al grupo que...
- *Marque **muertos** y **muere** con una tumba.*
- *Dibuje una flecha hacia arriba sobre **resucitan** y **tener vida**.*
- *Dibuje una figura sobre la palabra **cuerpo** cuando se refiera al cuerpo de un alma humana.*

DISCUTE

- ¿Qué preguntas surgen en el versículo 35, y cómo las respondió Pablo?

- ¿Qué aprendiste al marcar las referencias al *cuerpo*?

1 Corintios 15:35-38

35 Pero alguien dirá: "¿Cómo resucitan los muertos? ¿Y con qué clase de cuerpo vienen?"

36 ¡Necio! Lo que tú siembras no llega a tener vida si antes no muere.

37 Y lo que siembras, no siembras el cuerpo que nacerá, sino el grano desnudo, quizás de trigo o de alguna otra especie.

38 Pero Dios le da un cuerpo como Él quiso, y a cada semilla su propio cuerpo.

• ¿Qué implica esto acerca de nuestros cuerpos resucitados?

• ¿Quién determina cómo serán?

• ¿Quién resucita a los muertos?

1 Corintios 15:42-49

⁴² Así es también la resurrección de los muertos. Se siembra un cuerpo corruptible, se resucita un cuerpo incorruptible;

⁴³ se siembra en deshonra, se resucita en gloria; se siembra en debilidad, se resucita en poder;

⁴⁴ se siembra un cuerpo natural, se resucita un cuerpo espiritual. Si hay un cuerpo natural, hay también un cuerpo espiritual.

OBSERVA

Hay más que aprender de este capítulo. ¡Pablo no ha terminado!

Líder: Lee 1 Corintios 15:42-49 en voz alta. Pide al grupo que...
- *Dibuje una flecha hacia arriba sobre las palabras resurrección y resucita.*
- *Dibuje una figura sobre la palabra cuerpo, incluyendo el pronombre el.*
- *Aunque no se lo menciona por nombre, dibuja una cruz sobre cualquier palabra que crees que se refiera a Jesús.*
- *Marca las palabras espiritual, cielo, y celestial con una nube.*

DISCUTE

• ¿Qué aprendiste acerca del cuerpo resucitado en los versículos 42-44?

[45] Así también está escrito: "El primer hombre, Adán, fue hecho alma viviente." El último Adán, espíritu que da vida.

• ¿Qué contrastes se hacen en los versículos 45-49? Lee cada versículo cuidadosamente para que no te pierdas nada.

[46] Sin embargo, el espiritual no es primero, sino el natural; luego el espiritual.

[47] El primer hombre es de la tierra, terrenal; el segundo hombre es del cielo.

• ¿Quién es el primer Adán? ¿Él último Adán?

[48] Como es el terrenal, así son también los que son terrenales; y como es el celestial, así son también los que son celestiales.

• ¿Qué viene primero – lo natural o lo espiritual? ¿Qué punto quiere aclarar Pablo al hacer esta comparación?

49 Y tal como hemos traído la imagen del terrenal, traeremos también la imagen del celestial.

Lucas 24:35-43

³⁵ Y ellos contaban sus experiencias en el camino, y cómo Lo habían reconocido al partir el pan.

³⁶ Mientras ellos relataban estas cosas, Jesús se puso en medio de ellos, y les dijo: "Paz a ustedes."

³⁷ Pero ellos, aterrorizados y asustados, pensaron que veían un espíritu.

³⁸ Y Él les dijo: "¿Por qué están turbados, y por qué surgen dudas en sus corazones?

³⁹ Miren Mis manos y Mis pies, que Yo mismo soy; tóquenme y vean, porque un espíritu no

OBSERVA

Si tendremos la imagen de Jesús, el "segundo hombre" del cielo, ¿cómo serán nuestros cuerpos resucitados? Escuchemos una conversación entre dos hombres y Jesús después de Su resurrección para ver qué podemos aprender sobre Su cuerpo resucitado.

Líder: Lee Lucas 24:35-43 en voz alta. Pide al grupo que...
* *Subraye cada pronombre que se refiera a **los hombres** – cada **ellos**, **les**, etc.*
* *Encierre en un círculo lo que aprendas acerca del **cuerpo resucitado de Jesús**.*

DISCUTE
* ¿Qué aprendiste acerca de Jesús resucitado? ¿Cómo era? ¿Qué hizo?

• ¿Qué dice el versículo 39 acerca de un "espíritu"?

tiene carne ni huesos como ustedes ven que Yo tengo."

[40] Cuando dijo esto, les mostró las manos y los pies.

[41] Como ellos todavía no lo creían a causa de la alegría y porque estaban asombrados, les dijo: "¿Tienen aquí algo de comer?"

• ¿Qué observaciones obtienes de esto acerca de cómo será tu cuerpo resucitado?

[42] Ellos Le presentaron parte de un pescado asado,

[43] y Él lo tomó en las manos y comió delante de ellos.

2 Corintios 5:1-8

¹ Porque sabemos que si la tienda terrenal que es nuestra morada, es destruida, tenemos de Dios un edificio, una casa no hecha por manos, eterna en los cielos.

² Pues, en verdad, en esta morada gemimos, anhelando ser vestidos con nuestra habitación celestial;

³ y una vez vestidos, no seremos hallados desnudos.

⁴ Porque asimismo, los que estamos en esta tienda, gemimos agobiados, pues no queremos ser desvestidos, sino vestidos, para que lo

OBSERVA

Has observado lo que Pablo escribió acerca de la resurrección en 1 Corintios 15. Tenía más que decir a los cristianos en Corinto en su carta conocida como 2 Corintios.

Líder: Lee 2 Corintios 5:1-8 en voz alta, lentamente. Pide al grupo que simplemente escuche a medida que lees el texto. Luego léelo por segunda vez y pide al grupo que…

- *Subraye cada pronombre que se refiere a los creyentes – cada nuestra y nos.*
- *Marque cada referencia a nuestra tienda terrenal – incluyendo sinónimos como nuestra morada y casa – con una tienda, como esta: ∧*

Líder: Lee el texto por tercera vez y pide al grupo que…

- *Dibuje una lápida sobre las frases destruida y ausentes del cuerpo.*
- *Marque con una nube cada referencia a una casa no hecha por manos, habitación celestial. Asegúrate de marcar los pronombres.*

DISCUTE

- ¿Qué aprendiste de la "tienda", la casa en la que vivimos ahora? ¿Cómo se compara con la "casa no hecha por manos"?

- ¿Qué estaba diciendo Pablo en el versículo 4? ¿Qué quiso decir con "desvestidos"?

- ¿Qué hemos recibido como garantía de que tendremos cuerpos inmortales?

- ¿Recuerdas haber visto una referencia a esta garantía en los pasajes de las Escrituras que estudiamos previamente?

- ¿Qué dijo Pablo sobre la muerte, acerca de estar ausente en el cuerpo como creyente?

- ¿Cómo ven la muerte la mayoría de personas que conoces y por qué crees que es así?

- Si su perspectiva es diferente de lo que Dios enseña, ¿crees que tienes una responsabilidad para con estas personas? ¿Por qué sí o por qué no?

mortal sea absorbido por la vida.

5 Y el que nos preparó para esto mismo es Dios, quien nos dio el Espíritu como garantía.

6 Por tanto, animados siempre y sabiendo que mientras habitamos en el cuerpo, estamos ausentes del Señor.

7 Porque por fe andamos, no por vista.

8 Pero cobramos ánimo y preferimos más bien estar ausentes del cuerpo y habitar con el Señor.

1 Corintios 15:50-54

⁵⁰ Esto digo, hermanos: que la carne y la sangre no pueden heredar el reino de Dios; ni lo que se corrompe hereda lo incorruptible.

⁵¹ Así que les digo un misterio: no todos dormiremos, pero todos seremos transformados

⁵² en un momento, en un abrir y cerrar de ojos, a la trompeta final. Pues la trompeta sonará y los muertos resucitarán incorruptibles, y nosotros seremos transformados.

⁵³ Porque es necesario que esto corruptible se vista de incorrupción, y esto mortal se vista de inmortalidad.

OBSERVA

¿Por qué necesitamos nuevos cuerpos? ¿qué sucederá si estamos vivos para cuando Jesús venga?

Líder: Lee 1 Corintios 15:50-54 en voz alta. Pide al grupo que…
- *Subraye las palabras **carne** y **sangre**, **lo que se corrompe** y **mortal**.*
- *Encierre en un círculo cada referencia a **incorruptible** e **inmortalidad**.*
- *Dibuje una lápida sobre las palabras **dormiremos**, **muertos** y **muerte**.*

ACLARACIÓN

Un *misterio* es una verdad que hasta el momento no había sido revelada.

El *dormir*, como viste con el amigo de Jesús, Lázaro, es un término utilizado para la muerte física de un creyente.

DISCUTE

- ¿Qué aprendiste al marcar *carne* y *sangre*, *lo que se corrompe* y *mortal*?

• ¿Cuál es el misterio que Pablo reveló?

• Cuando Pablo escribió que no todos dormiremos, ¿qué estaba diciendo?

• Así que, ¿cuáles son los dos estados o condiciones posibles, de los creyentes antes de ser transformados?

• ¿Qué significa que "seremos transformados"? Según los versículos 52-54, ¿qué sucederá y cómo?

⁵⁴ Pero cuando esto corruptible se haya vestido de incorrupción, y esto mortal se haya vestido de inmortalidad, entonces se cumplirá la palabra que está escrita: "Devorada ha sido la muerte en victoria.

OBSERVA

La Primera carta a los Tesalonicenses nos da más información sobre el misterio que Pablo reveló en 1 Corintios 15:50-54. Veamos lo que podemos aprender.

Líder: Lee 1 Tesalonicenses 4:13-18. Pide al grupo que...

• *Dibuje una cruz sobre cada referencia a **Jesús**, incluyendo pronombres y sinónimos como **el Señor**.*

• *Encierre en un círculo cada referencia a **los que duermen, los muertos en Cristo**. Asegúrate de marcar pronombres y sinónimos.*

1 Tesalonicenses 4:13-18

¹³ Pero no queremos, hermanos, que ignoren acerca de los que duermen, para que no se entristezcan como lo hacen los demás que no tienen esperanza.

¹⁴ Porque si creemos que Jesús murió y resucitó, así también Dios traerá con Él a los que durmieron en Jesús.

¹⁵ Por lo cual les decimos esto por la palabra del Señor: que nosotros los que estemos vivos y que permanezcamos hasta la venida del Señor, no precederemos a los que durmieron.

¹⁶ Pues el Señor mismo descenderá del cielo con voz de mando, con voz de arcángel y con la trompeta de Dios, y los muertos en Cristo se levantarán primero.

¹⁷ Entonces nosotros, los que estemos vivos y que permanezcamos, seremos arrebatados juntamente con ellos en las nubes al encuentro del Señor en el aire, y así estaremos con el Señor siempre.

DISCUTE

• ¿Qué aprendiste al marcar las referencias a los que duermen? Observa el texto versículo por versículo.

• ¿Qué aprendes al marcar las referencias a Jesús? Dibuja una nube alrededor de todo lo que hable de Su venida.

• Recuerda que en 2 Corintios 5:8 viste que cuando un creyente muere, él o ella está presente en el Señor en el cielo. Según estos versículos de 1 Tesalonicenses, ¿dónde están los que duermen, con respecto al Señor?

• ¿Qué le sucede a un creyente que duerme? Observa el dibujo a continuación.

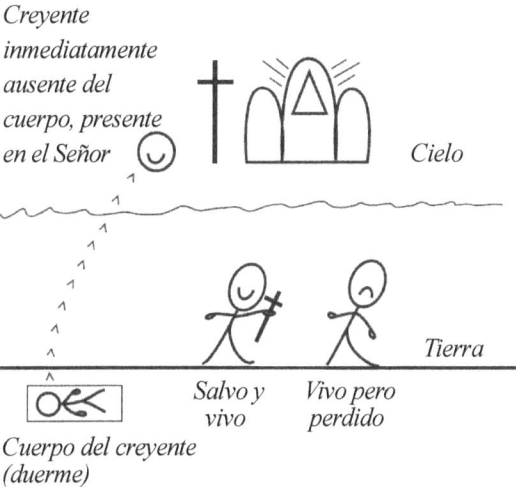

Creyente inmediatamente ausente del cuerpo, presente en el Señor

Cielo

Tierra

Salvo y vivo

Vivo pero perdido

Cuerpo del creyente (duerme)

[18] Por tanto, confórtense unos a otros con estas palabras.

OBSERVA

Líder: *Lee 1 Tesalonicenses 4:13-18 de nuevo en voz alta. Esta vez pide al grupo que…*

• *Subraye cada referencia a **los que viven**, incluyendo **nosotros** y **hermanos**.*

DISCUTE

• ¿Qué aprendiste acerca de los que estén vivos cuando venga Jesús? ¿Qué les sucede a ellos?

• Discute lo que ves en el siguiente diagrama.

1 Tesalonicenses 4:13-18

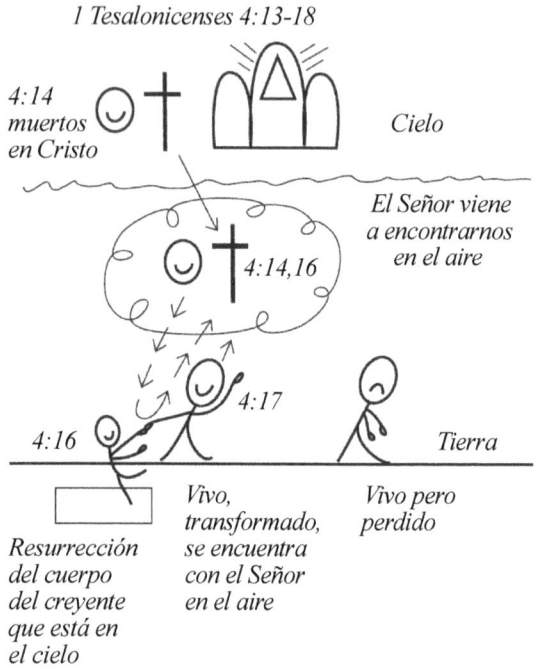

4:14
muertos
en Cristo

Cielo

El Señor viene
a encontrarnos
en el aire

4:14,16

4:17

4:16

Tierra

Resurrección
del cuerpo
del creyente
que está en
el cielo

Vivo,
transformado,
se encuentra
con el Señor
en el aire

Vivo pero
perdido

- ¿Cómo se compara el tiempo de esto con lo que sucede con los que duermen?

- ¿Qué piensas de todo esto?

OBSERVA

Así que, ¿cuál debería ser la perspectiva de un creyente acerca de la vida y la muerte? Veamos lo que el apóstol Pablo escribió cuando estaba como prisionero en Roma por causa del evangelio.

Líder: Lee Filipenses 1:21-24 en voz alta. Pide al grupo que...
- *Subraye cada referencia a **Pablo** – cada **mi** y **me**.*
- *Dibuje una lápida sobre **morir, partir**.*

Filipenses 1:21-24

21 Pues para mí, el vivir es Cristo y el morir es ganancia.

22 Pero si el vivir en la carne, esto significa para mí una labor fructífera, entonces, no sé cuál escoger.

23 Porque de ambos lados me siento apremiado, teniendo el

deseo de partir y estar con Cristo, pues eso es mucho mejor.

[24] Sin embargo, continuar en la carne es más necesario por causa de ustedes.

DISCUTE

• ¿Qué aprendiste al marcar las referencias a Pablo?

• ¿Cuál era el dilema de Pablo? ¿Por qué se sentía apremiado?

• ¿Cómo veía Pablo la muerte?

• ¿Qué te dice esto acerca de la vida después de la muerte para un creyente?

• ¿Personalmente piensas que la muerte es ganancia? ¿Por qué sí o por qué no?

FINALIZANDO

La muerte es dura, ¿no es así? La separación parece permanente. Tu ser querido se ha ido. No lo puedes ver, tocar, hablar con él. Tu vida ha cambiado y es difícil ajustarte al gran vacío que ha creado la ausencia de esa persona.

Pero como has visto, aunque fuera de nuestro alcance, esa persona todavía existe. Y si tu ser querido era creyente, la muerte no es el final. Él o ella está presente con el Señor. No desvestido, ni un espíritu irreconocible que no tiene cuerpo, sino una persona que una vez vivió en un cuerpo mortal. Y un día estarán juntos de nuevo ¡si ambos han sido verdaderos creyentes! La separación de tu ser querido salvo es temporal.

Como estudiamos en 1 Tesalonicenses, los que verdaderamente creemos en Jesucristo no lloramos la muerte como otros que no tienen esperanza. Aunque es difícil de imaginar, difícil de entender completamente, la Palabra de Dios nos dice que el morir es ganancia, ¡porque la nueva morada para el alma del creyente será mucho mejor!

Así que esperamos con ansias la redención de nuestros cuerpos. La resurrección se acerca. Lo mortal se vestirá de inmortalidad. La muerte será vencida. Te reunirás con tu ser querido. Vivirás por los siglos de los siglos con tu Dios.

¿No te anima esto a compartir las buenas nuevas de Jesucristo con los demás para que también puedan creer y recibir la vida que es nuestra en Cristo? ¿Por qué habríamos de avergonzarnos del evangelio, temer el presentarlo, si es el poder de Dios para salvación (Romanos 1:16)? ¿Si creer el evangelio es la garantía de la vida después de la muerte, una vida que es mucho mejor que cualquier cosa que hemos conocido aquí en la tierra?

Como leíste previamente en Juan 5, Jesús habló de un tiempo cuando los que están en sus tumbas oirían la voz de Dios y se levantarían para la resurrección de vida o de juicio.

A principios del siglo catorce, el poeta Dante escribió su descripción del terrible juicio final que le espera a los muertos. Miguel Ángel pintó su interpretación de este evento en las paredes de la Capilla Sixtina en Roma. Al pararte en la capilla y tratar de observar todo, casi puedes escuchar los gritos de las figuras grotescas sufriendo en la agonía del fuego eterno.

¿Qué nos dice Dios mismo acerca del destino de los que mueren separados de Jesucristo? ¿Qué sucederá en la resurrección de aquellos seres humanos que amaron la oscuridad en lugar de la luz, los que no creyeron en Jesús, la luz del mundo, la luz de vida, para que sus obras fueran vistas por lo que son? ¿Qué le espera a las almas que rehusaron buscar y recibir la misericordia y perdón de Dios que solo se encuentra en el Hijo de Dios, el Señor Jesucristo?

¿Cómo será su resurrección?

OBSERVA

Cuando el apóstol Pablo llegó a Roma y se encontró rodeado de ídolos, su espíritu se dolió grandemente. Leamos su conversación con los que adoraban a estos ídolos y veamos lo que podemos aprender que nos ayude a entender mejor el destino de aquellos que no adoran al único y verdadero Dios y Su Hijo.

Hechos 17:22-28, 30-31

²² Entonces Pablo poniéndose en pie en medio del Areópago, dijo: "Varones Atenienses, percibo que ustedes son muy religiosos en todo sentido.

²³ Porque mientras pasaba y observaba los objetos de su adoración, hallé también un altar con esta inscripción: 'AL DIOS DESCONOCIDO.' Pues lo que ustedes adoran sin conocer, eso les anuncio yo.

²⁴ El Dios que hizo el mundo y todo lo que en él hay, puesto que es Señor del cielo y de la tierra, no mora en templos hechos por manos de hombres,

²⁵ ni es servido por manos humanas, como si necesitara de algo,

Líder: *Lee Hechos 17:22-28, 30-31. Pide al grupo que…*

- *Subraye cada referencia a los* **atenienses**, *incluyendo pronombres.*
- *Marque cada referencia a* **Dios**, *incluyendo sinónimos y pronombres, con un triángulo.*
- *Encierre las palabras* **tiempos** *y* **días**.
- *Dibuje una cruz sobre las palabras* **Hombre** *y* **Él** *cuando se refieran a* **Jesús**.

DISCUTE

- ¿Qué observaciones obtuviste al marcar las referencias a los atenienses en los versículos 22-23?

• ¿Qué les dijo Pablo a estos hombres acerca de Dios? Observa todas las referencias a Dios que marcaste.

• Según el versículo 30, ¿qué está declarando Dios a todos los hombres? ¿Por qué?

ACLARACIÓN

La palabra griega traducida en Hechos 17:30 como *arrepientan* significa "cambiar de parecer" – un cambio que afecta lo que crees, la forma en que te comportas y por lo tanto altera la dirección de tu vida.

puesto que Él da a todos vida y aliento y todas las cosas.

26 "De uno solo, Dios hizo todas las naciones del mundo para que habitaran sobre toda la superficie de la tierra, habiendo determinado sus tiempos y las fronteras de los lugares donde viven,

27 para que buscaran a Dios, y de alguna manera, palpando, Lo hallen, aunque Él no está lejos de ninguno de nosotros.

28 Porque en Él vivimos, nos movemos y existimos, así como algunos de los poetas de ustedes han dicho: 'Porque también nosotros somos linaje Suyo.'

³⁰ Por tanto, habiendo pasado por alto los tiempos de ignorancia, Dios declara ahora a todos los hombres, en todas partes, que se arrepientan.

³¹ Porque Él ha establecido un día en el cual juzgará al mundo en justicia, por medio de un Hombre a quien Él ha designado, habiendo presentado pruebas a todos los hombres cuando Lo resucitó de entre los muertos."

Hebreos 9:27

Y así como está decretado que los hombres mueran una sola vez, y después de esto, el juicio,

• ¿Qué aprendiste al marcar las referencias a Jesús en el versículo 31?

OBSERVA

En nuestra primera semana de estudio, vimos Hebreos 9:27. Veamos este pasaje de nuevo.

Líder: Pide al grupo que lea Hebreos 9:27 en voz alta. Luego léelo de nuevo y pide al grupo que...

   • *Encierre en un círculo las frases que se refieren al tiempo –* ***una sola vez*** *y* ***después****.*
   • *Marque* ***juicio*** *con una* ***J****.*

DISCUTE

• ¿Qué te enseña este versículo acerca de la muerte? No te pierdas ni un detalle, que hay más de uno.

OBSERVA

Cuando somos juzgados, queremos justicia – a menos por supuesto que seamos culpables. Entonces rogamos por misericordia. Así que ¿quién es el Juez y cómo juzgará?

Líder: Lee en voz alta el Salmo 9:7-8; Salmo 96:12-13 y Mateo 16:27. Pide al grupo que...

• *Subraye cada referencia al **Señor**, incluyendo los pronombres **Él** y **Su** y el sinónimo **Hijo del Hombre**. (Estamos subrayando porque Señor se puede referir al Padre o al Hijo).*

• *Dibuje una nube alrededor de cada referencia a **la venida del Señor**.*

Salmos 9:7-8

⁷ Pero el Señor permanece para siempre; Ha establecido Su trono para juicio,

⁸ Y juzgará al mundo con justicia; con equidad ejecutará juicio sobre los pueblos.

Salmos 96:12-13

¹² Gócese el campo y todo lo que en él hay. Entonces todos los árboles

del bosque cantarán con gozo

[13] Delante del Señor, porque Él viene; porque Él viene a juzgar la tierra: juzgará al mundo con justicia y a los pueblos con Su fidelidad.

Mateo 16:27

Porque el Hijo del Hombre ha de venir en la gloria de Su Padre con Sus ángeles, y entonces recompensará a cada uno según su conducta.

DISCUTE

• ¿Qué aprendiste al marcar las referencias al Señor?

• Según Mateo 16:27, ¿sobre qué base recompensa Dios a cada hombre? ¿Parece esto justo?

• De todo lo que has aprendido en las últimas semanas, ¿significa esto que somos salvos por nuestras obras o que nuestras obras muestran en qué creemos? Explica tu respuesta.

ACLARACIÓN

¿Cuál es la relación entre la fe y las obras? Efesios 2:8-10 nos dice que somos salvos por la gracia de Dios y no por nuestras obras. Las obras son el producto de lo que creemos. El libro de Tito nos dice que Jesús "se dio por nosotros, para redimirnos de toda iniquidad y purificar para Si un pueblo para posesión Suya, celoso de buenas obras" (2:14). Nuestra fe no se prueba o demuestra simplemente por lo que profesamos, sino por cómo vivimos. Cuando Pablo escribió a Tito, le advirtió acerca de los que profesan conocer a Dios pero que con sus hechos lo niegan (Tito 1:16).

Juan 5:21-22, 28-29

²¹ Porque así como el Padre levanta a los muertos y les da vida, asimismo el Hijo también da vida a los que Él quiere.

²² Porque ni aun el Padre juzga a nadie, sino que todo juicio se lo ha confiado al Hijo.

²⁸ No se queden asombrados de esto, porque viene la hora en que todos los que están en los sepulcros oirán Su voz,

²⁹ y saldrán: los que hicieron lo bueno, a resurrección de vida, y los que practicaron lo malo, a resurrección de juicio.

OBSERVA

En la Tercera Semana consideramos dos de los siguientes versículos de Juan 5 desde la perspectiva de la resurrección. Ahora revisémoslos desde la perspectiva del juicio para aprender lo que Jesús enseñó sobre este tema.

Líder: Lee Juan 5:21-22, 28-29 en voz alta. Pide al grupo que...

- *Dibuje una cruz sobre cada referencia al **Hijo**, incluyendo pronombres.*
- *Marque las palabras **juzga** y **juicio** con una **J**.*
- *Marque **lo bueno** y **lo malo** con una **O** (de obras).*

DISCUTE

- ¿Qué aprendiste al marcar las referencias al Hijo?

- ¿Qué tipos de obras se mencionan en estos versículos y cuál es el resultado de cada uno?

OBSERVA

Tanto Juan el Bautista como Jesús mismo advirtieron del castigo que vendría a los desobedientes que se rehúsen a creer las palabras de Jesús. Veamos rápidamente dos de esas advertencias.

Líder: Lee Mateo 3:10-12 y Marcos 9:43, 47-48. Pide al grupo que ...

- *Marque cada referencia al **fuego** con llamas, de esta manera:* ᴧᴧᴧ
- *Dibuje una cruz sobre **Aquél**, **Él** y **Su** que se refieren a Jesús.*
- *Marca la palabra **infierno** con una **I**.*

ACLARACIÓN

La palabra griega traducida aquí como "infierno" es *Gehenna* y se refiere específicamente al destino final del que no se arrepiente. (*Hades*, también traducido como "infierno", significa algo diferente, como veremos más adelante). Gehenna era también el nombre de un valle en Jerusalén donde la basura de la ciudad se quemaba continuamente.

Mateo 3:10-12

¹⁰ El hacha ya está puesta a la raíz de los árboles; por tanto, todo árbol que no da buen fruto es cortado y echado al fuego.

¹¹ Yo, en verdad, los bautizo a ustedes con agua para arrepentimiento, pero Aquél que viene detrás de mí es más poderoso que yo, a quien no soy digno de quitar las sandalias; Él los bautizará con el Espíritu Santo y con fuego.

¹² El bieldo está en Su mano y limpiará completamente Su era; y recogerá Su trigo en el granero, pero quemará la paja en un fuego que no se apaga."

Marcos 9:43, 47-48

⁴³ Si tu mano te es ocasión de pecar, córtala; te es mejor entrar en la vida manco, que teniendo las dos manos ir al infierno, al fuego que no se apaga,

⁴⁷ Y si tu ojo te es ocasión de pecar, sácatelo; te es mejor entrar al reino de Dios con un solo ojo, que teniendo dos ojos ser echado al infierno,

⁴⁸ donde el gusano de ellos no muere, y el fuego no se apaga.

DISCUTE

• ¿Qué aprendiste al marcar las referencias a Jesucristo?

• ¿Qué hay del fuego? ¿Quién o qué se quema? Observa el texto versículo por versículo.

• ¿Qué aprendiste del infierno?

• ¿Cuál fue la enseñanza de Jesús acerca de la mano y el ojo en Marcos 9? ¿Qué quería comunicar con eso?

OBSERVA

Veamos las palabras finales de Isaías, el profeta para la nación de Israel, hablando de parte de Dios. El contexto de esta profecía es el tiempo en que todas las naciones verán la gloria de Dios. Esto sucederá durante el reino del Mesías en la tierra, cuando Él gobierne a las naciones con vara de hierro.

Líder: Lee Isaías 66:22-24 en voz alta. Pide al grupo que…

- *Dibuje un triángulo sobre cada pronombre referente al Señor, cuyas palabras están siendo profetizadas por Isaías.*
- *Subraye cada referencia a la humanidad, incluyendo pronombres, comenzando en el versículo 23.*

Líder: Lee el texto de nuevo. Esta vez pide al grupo que…

- *Dibuje una lápida sobre cada referencia a los cadáveres, incluyendo pronombres.*
- *Marque fuego de esta manera: ⋀⋀*

Isaías 66:22-24

22 "Porque como los cielos nuevos y la tierra nueva que Yo hago permanecerán delante de Mí," declara el Señor, "así permanecerán su descendencia y su nombre.

23 Y sucederá que de luna nueva en luna nueva y de día de reposo en día de reposo, todo mortal vendrá a postrarse delante de Mí," dice el Señor.

24 "Y cuando salgan, verán los cadáveres de los hombres que se rebelaron contra Mí; Porque su gusano no morirá, ni su fuego se apagará, y serán el horror de toda la humanidad."

DISCUTE

• ¿Qué aprendiste del Señor en estos versículos?

• Resume lo que Dios está diciendo. ¿Qué hará "toda la humanidad" y cuándo?

• ¿Por qué piensas que ven "los cadáveres de los hombres"? ¿Qué lección puede ser aquí visible para ellos?

• ¿Qué aprendiste al marcar *fuego*? ¿Quién se quema y por cuánto tiempo?

Apocalipsis 20:11-15

[11] Vi un gran trono blanco y a Aquél que estaba sentado en él, de cuya presencia huyeron la tierra y el cielo, y no se halló lugar para ellos.

OBSERVA

Cuando estudiamos el relato de Lázaro y el hombre rico la semana pasada, vimos que el hombre rico estaba siendo atormentado en el Hades. ¿Pero fue el Hades su destino final? Veamos lo que Dios nos enseña en el último libro de la Biblia.

Líder: *Lee Apocalipsis 20:11-15 en voz alta. Pide al grupo que...*

- *Marque las referencias al* **trono**, *incluyendo pronombres, con una* **T**.
- *Dibuje una lápida sobre cada referencia a los* **muertos**, *incluyendo pronombres.*

Líder: *Lee Apocalipsis 20:11-15 en voz alta de nuevo. Esta vez pide al grupo que...*

- *Marque la frase* **lago de fuego** *con círculos concéntricos, de esta manera:* (◎)
- *Marque cada referencia a* **obras** *con una* **O**.
- *Dibuje un rectángulo alrededor de la palabra* **libro(s)**, *de esta manera:* ▭

Líder: *Ahora pide al grupo que lea todo el pasaje en voz alta. Háganlo lentamente para que puedan absorber lo que están leyendo.*

DISCUTE

Líder: *Las respuestas a las siguientes preguntas se pueden repetir; sin embargo, debido a la importancia de este pasaje, sugerimos que pidas al grupo que responda cada una para que no se pierdan de ningún detalle. Estas son verdades que vale la pena repetir.*

[12] También vi a los muertos, grandes y pequeños, de pie delante del trono, y los libros fueron abiertos. Otro libro fue abierto, que es el Libro de la Vida, y los muertos fueron juzgados por lo que estaba escrito en los libros, según sus obras.

[13] El mar entregó los muertos que estaban en él, y la Muerte y el Hades entregaron a los muertos que estaban en ellos. Y fueron juzgados, cada uno según sus obras.

[14] La Muerte y el Hades fueron arrojados al lago de fuego. Esta es la muerte segunda: el lago de fuego.

¹⁵ Y el que no se encontraba inscrito en el Libro de la Vida fue arrojado al lago de fuego.

- ¿Qué aprendiste al marcar *trono*? ¿De quién es el trono?

- ¿Qué aprendiste al marcar *los muertos*?

- ¿Qué aprendiste al marcar *obras*? ¿Cómo se compara esto con la advertencia de Jesús en Marcos 9 acerca de nuestros ojos y nuestras manos?

- ¿Qué aprendiste al marcar *libros*? ¿Cómo se los describe?

- ¿Qué aprendiste al marcar el *lago de fuego*?

- ¿Por qué piensas que se refieren a esto como "la segunda muerte"?

• De todo lo que has aprendido en estas últimas semanas, ¿experimentan la verdadera vida aquellos que se rehúsan a creer en Jesucristo?

ACLARACIÓN

¿Por qué se llama al lago de fuego "la segunda muerte"? Razonemos juntos. Efesios 2:1 dice que estábamos muertos en nuestros delitos y pecados – nacemos pecadores y "la paga del pecado es la muerte" (Romanos 6:23).

La vida es nuestra tan solo cuando Jesucristo lo es. Por tanto, ¿podría esto referirse como una segunda muerte porque estas personas nunca "pasaron de muerte a vida" (Juan 5:24) al creer en Jesucristo? ¿Ya que nunca tuvieron a Jesucristo, en quien hay vida? En Juan 14:6, Jesús dijo que Él es el camino, la verdad y la vida. Así que los que nunca recibieron a Jesús mueren dos veces – físicamente y espiritualmente. Nunca experimentaron la vida. ¡Nunca lo harán! Qué terriblemente triste y eternamente trágico.

- ¿En qué libro tiene que estar tu nombre inscrito para escapar del lago de fuego?

- A la luz de la realidad del castigo eterno que le espera a cada ser humano que no cree en Jesucristo, como se evidencia por sus obras, ¿cuál piensas que es tu responsabilidad?

- De lo que has estudiado hasta este punto, ¿tienes una idea de cuánto tiempo arderá el lago de fuego?

FINALIZANDO

Entonces, ¿qué le sucede a un incrédulo cuando él o ella muere? Es obvio con todo lo que hemos estudiado en la Palabra de Dios que el alma de cualquier persona – salva o perdida – no deja de existir. Como vimos en nuestro estudio de Lucas 16, aunque separados de su cuerpo físico, el hombre rico todavía experimentaba el dolor de las llamas y el tormento del Hades. Él podía ver a Lázaro en el seno de Abraham. Él estaba consciente al pedir la ayuda de Lázaro; ¡la boca del hombre muerto necesitaba agua! Aunque separado de su cuerpo físico, todavía tenía sus facultades.

Como viste esta semana, cuando Jesús amonestó a Sus oyentes en Marcos 9 a hacer lo que fuera necesario para dejar de pecar con sus manos y ojos, Él les advirtió que si sus cuerpos eran echados al infierno, ¡experimentarían un fuego que nunca dejaría de arder!

A menudo cuando una persona conocida en sociedad muere, se menciona que están en un lugar mejor o incluso en el cielo. Sin embargo, sin importar si el individuo fue grande o no, si no creyó en Jesucristo, si no Lo confesó ante los demás como Señor y Salvador y si no vivió una vida que evidenció los frutos de la fe, es un engaño decir que la persona fue a un mejor lugar – es una mentira que encubre la certeza de la muerte y el juicio que le sigue a ella.

En Mateo 25:31-46, en el relato de Jesús de la separación de las ovejas de las cabras y su consecuente destino, nuestro Señor deja en claro que el lago de fuego fue preparado no para el hombre, sino para el diablo y sus ángeles. Sin embargo los seres humanos que escogen creer al padre de mentira, en lugar de obedecer al Hijo de Dios, compartirán el destino de Satanás: el lago de fuego. Ellos " irán al castigo eterno, pero los justos a la vida eterna." (Mateo 25:46). Nota que Jesús, Aquél que es verdad, ¡nos dice que ambas cosas son eternas!

Con razón el profeta Amós dice "Prepárate para encontrarte con tu Dios" (Amós 4:12). *¿Estás* preparado? ¿Estás animando a otros para que estén preparados?

Mientras que el estudio de la semana pasada fue un poco pesado, nuestra última semana nos traerá gran alivio, pues vamos a enfocarnos en el cielo. Esto es lo que la eternidad podría tener para ti: vida. ¡La vida más allá de la muerte!

OBSERVA

Comencemos nuestro estudio leyendo algunos versículos que nos hablan del cielo.

Líder: Lee en voz alta Isaías 66:1-2; Mateo 6:9-10 y Salmo 16:11.

- *Pide al grupo que dibuje un triángulo sobre cada referencia al **Señor**. Asegúrate de marcar los pronombres y sinónimos como **Padre**.*

DISCUTE

- ¿Qué aprendiste al marcar las referencias al Señor?

Isaías 66:1-2

[1] Así dice el Señor: "El cielo es Mi trono y la tierra el estrado de Mis pies. ¿Dónde, pues, está la casa que podrían edificarme? ¿Dónde está el lugar de Mi reposo?

[2] Todo esto lo hizo Mi mano, y así todas estas cosas llegaron a ser," declara el Señor. "Pero a éste miraré: Al que es humilde y contrito de espíritu, y que tiembla ante Mi palabra.

Mateo 6:9-10

[9] "Ustedes, pues, oren de esta manera: 'Padre nuestro que estás en los

cielos, santificado sea Tu nombre.

• ¿Qué aprendiste específicamente sobre el cielo?

[10] Venga Tu reino. Hágase Tu voluntad, Así en la tierra como en el cielo.

Salmos 16:11

Me darás a conocer la senda de la vida; En Tu presencia hay plenitud de gozo; en Tu diestra hay deleites para siempre.

Juan 14:1-6

[1] "No se turbe su corazón; crean en Dios, crean también en Mí.

[2] En la casa de Mi Padre hay muchas moradas; si no fuera así, se lo hubiera dicho; porque voy a preparar un lugar para ustedes.

OBSERVA

Al celebrar Su última Pascua con Sus discípulos, Jesús les dijo que estaba a punto de ser traicionado y que se iba a ir. Sintiendo sus corazones turbados, Él les ofreció las palabras de consuelo que estás a punto de leer.

Líder: Lee Juan 14:1-6 en voz alta. Pide al grupo que…

• *Marque cada referencia a **Jesús** con una cruz.*

• *Dibuje un rectángulo alrededor de cada referencia a **lugar**, incluyendo **adonde** y **allí**.*

DISCUTE

• ¿Qué aprendiste acerca de Jesús en estos versículos?

• ¿Qué aprendiste al marcar las referencias a lugar? Haz una lista de los detalles que te da el texto acerca del lugar donde va Jesús.

• Discute la secuencia de eventos que describe Jesús respecto a Su ida y regreso. Nota cómo están involucrados Sus discípulos.

• ¿Cómo puede alguien tener acceso al Padre y Su casa?

• Así que, según Jesús, ¿hay otro camino?

• ¿Qué te dice esto acerca de otras religiones?

³ Y si me voy y les preparo un lugar, vendré otra vez y los tomaré adonde Yo voy; para que donde Yo esté, allí estén ustedes también.

⁴ Y conocen el camino adonde voy."

⁵ "Señor, si no sabemos adónde vas, ¿cómo vamos a conocer el camino?" Le dijo Tomás.

⁶ Jesús le dijo: "Yo soy el camino, la verdad y la vida; nadie viene al Padre sino por Mí.

Hechos 1:9-11

⁹ Después de haber dicho estas cosas, fue elevado mientras ellos miraban, y una nube Lo recibió y Lo ocultó de sus ojos.

¹⁰ Mientras Jesús ascendía, estando ellos mirando fijamente al cielo, se les presentaron dos hombres en vestiduras blancas,

¹¹ que les dijeron: "Varones Galileos, ¿por qué están mirando al cielo? Este mismo Jesús, que ha sido tomado de ustedes al cielo, vendrá de la misma manera, tal como Lo han visto ir al cielo."

OBSERVA

A continuación veamos algunos versículos que nos dice qué pasó la última vez que los apóstoles vieron a Jesús resucitado - ¡y que nos revelan dónde está Jesús hoy!

Líder: Lee en voz alta Hechos 1:9-11 y Romanos 8:34. Pide al grupo que…
- *Dibuje una cruz sobre cada referencia a **Jesús**, incluyendo pronombres.*
- *Subraye cada referencia a los **apóstoles**. No te pierdas ni un solo pronombre.*

DISCUTE

- ¿Qué aprendes acerca de Jesús en estos textos?

- Según lo que aprendiste en Hechos, ¿cómo llegó Jesús adonde está? ¿Se quedará ahí de manera permanente?

- Según Romanos 8, ¿qué está haciendo Jesús?

- Según lo que viste previamente en Juan 14, ¿qué otra cosa está haciendo Jesús?

- ¿Qué te revela esto de ti como creyente?

OBSERVA

Antes de seguir adelante, repasemos algunos eventos que hemos estudiado, junto con otros hechos relacionados y pongámoslos en orden cronológico. Esto nos ayudará a entender mejor lo que aprenderemos a continuación acerca del cielo.

- En la plenitud del tiempo, Jesús se hizo carne y sangre, nació de una virgen, sin pecado. Fue tentado como nosotros, pero nunca pecó.
- Jesús fue crucificado, hecho pecado por nosotros, murió y fue sepultado.
- Al tercer día Jesús resucitó de los muertos. Fue visto múltiples veces por mucha gente, quienes pudieron testificar de Su resurrección.
- Cuarenta días después de la resurrección, Jesús ascendió a los cielos para preparar un lugar para nosotros que somos creyentes en Jesucristo.

Romanos 8:34

¿Quién es el que condena? Cristo Jesús es el que murió, sí, más aún, el que resucitó, el que además está a la diestra de Dios, el que también intercede por nosotros.

- Entonces le fue dado el Espíritu Santo a todos los que creyeron en Jesucristo. El Espíritu es la garantía de la entrada de un creyente al cielo en su muerte y la redención del cuerpo.

- Cuando un creyente en Cristo muere, él o ella está ausente del cuerpo pero presente en el Señor.

- En algún momento en el futuro, Jesús dejará el cielo, trayendo con Él todas las almas de los creyentes que murieron físicamente antes de Su regreso. Cada una de nuestras almas se reunirá con un cuerpo resucitado, inmortal e incorruptible como el cuerpo de Jesucristo (1 Tesalonicenses 4:13-18; 1 Corintios 15:51-54).

- Cuando Jesús regrese a la tierra, Él gobernará las naciones. "El reino del mundo ha venido a ser el reino de nuestro Señor y de Su Cristo (el Mesías). El reinará por los siglos de los siglos" (Apocalipsis 11:15).

- Apocalipsis 20:1-7 nos dice que Jesús reinará por mil años. Al final de ese tiempo, el diablo será "arrojado al lago de fuego y azufre, donde…serán atormentados día y noche por los siglos de los siglos (Apocalipsis 20:10).

• Los muertos de todos los tiempos que no fueron salvos estarán delante del Gran Trono Blanco de Dios. Los muertos incrédulos – junto con la muerte y el Hades – serán lanzados al lago de fuego (Apocalipsis 22:11-15).

• Entonces habrá un nuevo cielo y una nueva tierra (Apocalipsis 21-22).

Ya que el cielo es nuestro tema, veamos lo que podemos aprender acerca de nuestra nueva casa y cómo será la vida allá para el verdadero creyente en Jesús, el Mesías.

Líder: Lee Apocalipsis 21:1-7 en voz alta. Pide al grupo que...

• *Marque la palabra **cielo** con una nube.*

• *Dibuje un triángulo sobre cada referencia a **Dios**, incluyendo pronombres.*

• *Dibuje un rectángulo alrededor de cada referencia a **la ciudad santa**, incluyendo sinónimos como **Nueva Jerusalén** y **tabernáculo de Dios**.*

Apocalipsis 21:1-7

¹ Entonces vi un cielo nuevo y una tierra nueva, porque el primer cielo y la primera tierra pasaron, y el mar ya no existe.

² Y vi la ciudad santa, la nueva Jerusalén, que descendía del cielo, de Dios, preparada como una novia ataviada para su esposo.

³ Entonces oí una gran voz que decía desde el trono: "El tabernáculo de Dios está entre los hombres, y Él habitará entre ellos y ellos serán Su pueblo, y Dios mismo estará entre ellos.

DISCUTE

• ¿Qué aprendiste acerca de la ciudad santa en estos versículos?

⁴ Él enjugará toda lágrima de sus ojos, y ya no habrá muerte, ni habrá más duelo, ni clamor, ni dolor, porque las primeras cosas han pasado."

• ¿Qué aprendiste acerca de Dios? Describe Su relación con Su pueblo.

⁵ El que está sentado en el trono dijo: "Yo hago nuevas todas las cosas." Y añadió: "Escribe, porque estas palabras son fieles y verdaderas."

⁶ También me dijo: "Hecho está. Yo soy el Alfa y la Omega, el Principio y el Fin.

• ¿Qué aprendiste acerca del pueblo de Dios, incluyendo su relación con Dios mismo?

Al que tiene sed, Yo le daré gratuitamente de la fuente del agua de la vida.

[7] El vencedor heredará estas cosas, y Yo seré su Dios y él será Mi hijo.

Apocalipsis 21:8

Pero los cobardes, incrédulos, abominables, asesinos, inmorales, hechiceros, idólatras, y todos los mentirosos tendrán su herencia en el lago que arde con fuego y azufre, que es la muerte segunda."

OBSERVA

La descripción que acabas de leer del futuro de un creyente resalta en contraste con lo que sigue en el siguiente versículo.

Líder: Lee Apocalipsis 21:1-8 en voz alta. Pide al grupo que…

- *Subraye cada referencia a* **los individuos** *descritos en este versículo.*
- *Marca el* **lago de fuego y azufre** *con círculos concéntricos:* ⊚
- *Dibuje una lápida sobre* **muerte**, *marcándola con un* **2**.

DISCUTE

- Discute las personas mencionadas en este pasaje y sus estilos de vida. ¿Cuál es su destino?

- ¿Qué te dice esto del cielo?

OBSERVA

Líder: *Lee los versículos seleccionados de Apocalipsis 21 en voz alta. Pide al grupo que...*

- *Dibuje una cruz sobre cada referencia al* **Cordero**.
- *Dibuje un rectángulo alrededor de cada referencia a la* **ciudad**, *incluyendo sus pronombres*.
- *Marque cada referencia a* **Dios** *con un triángulo*.

DISCUTE

- ¿Qué te dice este pasaje sobre la ciudad santa?

- ¿Qué te dice este pasaje acerca del Cordero y Dios?

Apocalipsis 21:9-10, 22-23, 27

⁹ Vino uno de los siete ángeles que tenían las siete copas llenas de las últimas siete plagas, y habló conmigo, diciendo: "Ven, te mostraré la novia, la esposa del Cordero."

¹⁰ Entonces me llevó en el Espíritu a un monte grande y alto, y me mostró la ciudad santa, Jerusalén, que descendía del cielo, de Dios.

²² No vi en ella templo alguno, porque su templo es el Señor, el Dios Todopoderoso, y el Cordero.

²³ La ciudad no tiene necesidad de sol ni de luna que la iluminen, porque la gloria de Dios

la ilumina, y el Cordero es su lumbrera.

• ¿Quién puede vivir en esta ciudad?

• ¿Te describe esto a ti? Si es así, ¿cómo pueden estas verdades ayudarte a manejar la vida hoy?

OBSERVA

Líder: *Lee Apocalipsis 22:1-6 en voz alta, que contiene más información de la Nueva Jerusalén. Pide al grupo que...*

• *Marca **trono** con una* **T**.

• *Marca el **árbol de la vida** con un árbol, de esta manera:* 🌲

• *Ponga una* **X** *sobre la palabra **maldición**.*

• *Subraye cada referencia a **siervos**, incluyendo pronombres.*

DISCUTE

• Describe la imagen que se nos da en este último capítulo de la Palabra de Dios. ¿Qué nos queda al final de la revelación de Dios?

• Ahora, observa los detalles. ¿Qué aprendiste del árbol? ¿Cómo se le llama? ¿Para qué sirve?

Apocalipsis 22:1-6

¹ Después el ángel me mostró un río de agua de vida, resplandeciente como cristal, que salía del trono de Dios y del Cordero,

² en medio de la calle de la ciudad. Y a cada lado del río estaba el árbol de la vida, que produce doce clases de fruto, dando su fruto cada mes; y las hojas del árbol eran para sanidad de las naciones.

³ Ya no habrá más maldición. El trono de Dios y del Cordero estará allí, y Sus siervos Le servirán.

⁴ Ellos verán Su rostro y Su nombre estará en sus frentes.

⁵ Y ya no habrá más noche, y no tendrán necesidad de luz de lámpara ni de luz del sol, porque el Señor Dios los iluminará, y reinarán por los siglos de los siglos.

⁶ Y me dijo: "Estas palabras son fieles y verdaderas." El Señor, el Dios de los espíritus de los profetas, envió a Su ángel para mostrar a Sus siervos las cosas que han de suceder enseguida.

• ¿Qué aprendiste de este árbol en Génesis 3:22 en la Primera Semana de este estudio (vuelve a la página 5)?

• ¿Qué aprendiste al marcar *maldición* en Apocalipsis 22:3?

• Discute esto a la luz de la maldición que llegó a la humanidad a través del pecado de Adán y Eva. Compara esto con lo que leíste esta semana en Apocalipsis 21:4.

• ¿Eres siervo de Jesucristo? Si es así, ¿qué te dice este texto acerca de tu futuro?

OBSERVA

Cerremos nuestro estudio con las siguientes palabras del libro de nuestro Padre.

Líder: *Lee en voz alta 1 Pedro 1:3-5; Lucas 10:20 y Filipenses 3:20.*

* *Pide al grupo que subraye cada pronombre que se refiera a los* **creyentes** *–* **nuestro**, **nos**, **ustedes**, **les** *y* **sus**.

DISCUTE

* ¿Qué aprendiste al marcar las referencias a los que "nacieron de nuevo a una esperanza viva", los que creyeron en Jesucristo, el Hijo de Dios? ¿Qué es verdad para aquellos cuyas obras prueban que su relación es real?

1 Pedro 1:3-5

³ Bendito sea el Dios y Padre de nuestro Señor Jesucristo, quien según Su gran misericordia, nos ha hecho nacer de nuevo a una esperanza viva, mediante la resurrección de Jesucristo de entre los muertos,

⁴ para obtener una herencia incorruptible, inmaculada, y que no se marchitará, reservada en los cielos para ustedes.

⁵ Mediante la fe ustedes son protegidos por el poder de Dios, para la salvación que está preparada para ser revelada en el último tiempo.

Lucas 10:20

Sin embargo, no se regocijen en esto, de que los espíritus se les sometan, sino regocíjense de que sus nombres están escritos en los cielos."

Filipenses 3:20

Porque nuestra ciudadanía está en los cielos, de donde también ansiosamente esperamos a un Salvador, el Señor Jesucristo.

• Discute lo que significan estas verdades para ti personalmente.

FINALIZANDO

¡Ven pronto Señor Jesús!

Qué glorioso día será

Cuando veamos a Jesús cara a cara,

Cuando sintamos el toque de la mano de Dios cuando Él mismo seque nuestras lágrimas.

Cuando todo el dolor y el sufrimiento terminen.

No más lágrimas.

¡Y no más oscuridad!

El pecado y la muerte serán vencidos –

Nunca más nos atormentarán.

Finalmente podremos adorar y servir a nuestro Dios y Padre con devoción sin distracciones.

Esto es el cielo. *¡Esto sí es vida!*

Y ésta es la vida eterna:

que Te conozcan a Ti, el único Dios verdadero,

y a Jesucristo, a quien has enviado.

Juan 17:3

Esta singular serie de estudios bíblicos del equipo de enseñanza de Ministerios Precepto Internacional, aborda temas con los que luchan las mentes investigadoras y lo hace en breves lecciones muy fáciles de entender e ideales para reuniones de grupos pequeños. Estos cursos de estudio bíblico, de la serie 40 minutos, pueden realizarse siguiendo cualquier orden. Sin embargo, a continuación te mostramos una posible secuencia a seguir:

¿Cómo Sabes que Dios es Tu Padre?

Muchos dicen: "Soy cristiano"; pero, ¿cómo pueden saber si Dios realmente es su Padre—y si el cielo será su futuro hogar? La epístola de 1 Juan fue escrita con este propósito—que tú puedas saber si realmente tienes la vida eterna. Éste es un esclarecedor estudio que te sacará de la oscuridad y abrirá tu entendimiento hacia esta importante verdad bíblica.

Cómo Tener una Relación Genuina con Dios

A quienes tengan el deseo de conocer a Dios y relacionarse con Él de forma significativa, Ministerios Precepto abre la Biblia para mostrarles el camino a la salvación. Por medio de un profundo análisis de ciertos pasajes bíblicos cruciales, este esclarecedor estudio se enfoca en dónde nos encontramos con respecto a Dios, cómo es que el pecado evita que lo conozcamos y cómo Cristo puso un puente sobre aquel abismo que existe entre los hombres y su Señor.

Ser un Discípulo: Considerando Su Verdadero Costo

Jesús llamó a Sus seguidores a ser discípulos. Pero el discipulado viene con un costo y un compromiso incluido. Este estudio da una mirada inductiva a cómo la Biblia describe al discípulo, establece las características de un seguidor de Cristo e invita a los estudiantes a aceptar Su desafío, para luego disfrutar de las eternas bendiciones del discipulado.

¿Vives lo que Dices?

Este estudio inductivo de Efesios 4 y 5, está diseñado para ayudar a los estudiantes a que vean por sí mismos, lo que Dios dice respecto al estilo de vida de un verdadero creyente en Cristo. Este estudio los capacitará para vivir de una manera digna de su llamamiento; con la meta final de desarrollar un andar diario con Dios, caracterizado por la madurez, la semejanza a Cristo y la paz.

Viviendo Una Vida de Verdadera Adoración

La adoración es uno de los temas del cristianismo peor entendidos; este estudio explora lo que la Biblia dice acerca de la adoración: ¿qué es? ¿Cuándo sucede? ¿Dónde ocurre? ¿Se basa en las emociones? ¿Se limita solamente a los domingos en la iglesia? ¿Impacta la forma en que sirves al Señor? Para éstas y más preguntas, este estudio nos ofrece respuestas bíblicas novedosas.

Edificando un Matrimonio que en Verdad Funcione

Dios diseñó el matrimonio para que fuera una relación satisfactoria y realizadora; creando a hombres y mujeres para que ellos—juntos y como una sola carne—pudieran reflejar Su amor por el mundo. El matrimonio, cuando es vivido como Dios lo planeó, nos completa, nos trae gozo y da a nuestras vidas un fresco significado. En este estudio, los lectores examinarán el diseño de Dios para el matrimonio y aprenderán cómo establecer y mantener el tipo de matrimonio que trae gozo duradero.

Cómo Tomar Decisiones Que No Lamentarás

Cada día nos enfrentamos a innumerables decisiones y algunas de ellas pueden cambiar el curso de nuestras vidas para siempre. Entonces, ¿a dónde acudes en busca de dirección? ¿Qué debemos hacer cuando nos enfrentamos a una tentación? Este breve estudio te brindará una práctica y valiosa guía, al explorar el papel que tiene la Escritura y el Espíritu Santo en nuestra toma de decisiones.

Dinero y Posesiones: La Búsqueda del Contentamiento

Nuestra actitud hacia el dinero y las posesiones reflejará la calidad de nuestra relación con Dios. Y, de acuerdo con las Escrituras, nuestra visión del dinero nos muestra dónde está descansando nuestro verdadero amor. En este estudio, los lectores escudriñarán las Escrituras para aprender de dónde proviene el dinero, cómo se supone que debemos manejarlo y cómo vivir una vida abundante, sin importar su actual situación financiera.

Cómo puede un Hombre Controlar Sus Pensamientos, Deseos y Pasiones

Este estudio capacita a los hombres con la poderosa verdad de que Dios ha provisto todo lo necesario para resistir la tentación; y lo hace, a través de ejemplos de hombres en las Escrituras, algunos de los cuales cayeron en pecado y otros que se mantuvieron firmes. Aprende cómo escoger el camino de pureza, para tener la plena confianza de que, a través del poder del Espíritu Santo y la Palabra de Dios, podrás estar algún día puro e irreprensible delante de Dios.

Viviendo Victoriosamente en Tiempos de Dificultad

Vivimos en un mundo decadente, poblado por gente sin rumbo y no podemos escaparnos de la adversidad y el dolor. Sin embargo, y por alguna razón, los difíciles tiempos que se viven actualmente son parte del plan de Dios y sirven para Sus propósitos. Este valioso estudio ayuda a los lectores a descubrir cómo glorificar a Dios en medio del dolor; al tiempo que aprenden cómo encontrar gozo aún cuando la vida parezca injusta y a conocer la paz que viene al confiar en el Único que puede brindar la fuerza necesaria en medio de nuestra debilidad.

El Perdón: Rompiendo el Poder del Pasado

El perdón puede ser un concepto abrumador, sobre todo para quienes llevan consigo profundas heridas provocadas por difíciles situaciones de su pasado. En este estudio innovador, obtendrás esclarecedores conceptos del perdón de Dios para contigo, aprenderás cómo responder a aquellos que te han tratado injustamente y descubrirás cómo la decisión de perdonar rompe las cadenas del doloroso pasado y te impulsa hacia un gozoso futuro.

Elementos Básicos de la Oración Efectiva

Esta perspectiva general de la oración te guiará a una vida de oración con más fervor, a medida que aprendes lo que Dios espera de tus oraciones y qué puedes esperar de Él. Un detallado examen del Padre Nuestro y de algunos importantes principios obtenidos de ejemplos de oraciones a través de la Biblia, te desafiarán a un mayor entendimiento de la voluntad de Dios, Sus caminos y Su amor por ti mientras experimentas lo que significa verdaderamente el acercarse a Dios en oración.

Cómo Liberarse de los Temores

La vida está llena de todo tipo de temores que pueden asaltar tu mente, perturbar tu alma y traer estrés incalculable. Pero no tienes que permanecer cautivo a tus temores. En este estudio de seis semanas aprenderás cómo confrontar tus circunstancias con fortaleza y coraje mientras vives en el temor del Señor – el temor que conquista todo temor y te libera para vivir en fe.

Cómo se Hace un Líder al Estilo de Dios

¿Qué espera Dios de quienes Él coloca en lugares de autoridad? ¿Qué características marcan al verdadero líder efectivo? ¿Cómo puedes ser el líder que Dios te ha llamado a ser? Encontrarás las respuestas a éstas y otras preguntas, en este poderoso estudio de cuatro importantes líderes de Israel—Elí, Samuel, Saúl y David— cuyas vidas señalan principios que necesitamos conocer como líderes en nuestros hogares, en nuestras comunidades, en nuestras iglesias y finalmente en nuestro mundo.

¿Qué Dice la Biblia Acerca del Sexo?

Nuestra cultura está saturada de sexo, pero muy pocos tienen una idea clara de lo que Dios dice acerca de este tema. En contraste a la creencia popular, Dios no se opone al sexo; únicamente, a su mal uso. Al aprender acerca de las barreras o límites que Él ha diseñado para proteger este regalo, te capacitarás para enfrentar las mentiras del mundo y aprender que Dios quiere lo mejor para ti.

Principios Clave para el Ayuno Bíblico

La disciplina espiritual del ayuno se remonta a la antigüedad. Sin embargo, el propósito y naturaleza de esta práctica a menudo es malentendida. Este vigorizante estudio explica por qué el ayuno es importante en la vida del creyente promedio, resalta principios bíblicos para el ayuno efectivo y muestra cómo esta poderosa disciplina lleva a una conexión más profunda con Dios.

Entendiendo los Dones Espirituales

¿Qué son Dones Espirituales?
El tema de los dones espirituales podría parecer complicado: ¿Quién

tiene dones espirituales – "las personas espirituales" o todo el mundo? ¿Qué son dones espirituales?

Entender los Dones Espirituales te lleva directamente a la Palabra de Dios, para descubrir las respuestas del Mismo que otorga el don. A medida que profundizas en los pasajes bíblicos acerca del diseño de Dios para cada uno de nosotros, descubrirás que los dones espirituales no son complicados – pero sí cambian vidas.

Descubrirás lo que son los dones espirituales, de dónde vienen, quiénes los tienen, cómo se reciben y cómo obran dentro de la iglesia. A medida que estudias, tendrás una nueva visión de cómo puedes usar los dones dados por Dios para traer esperanza a tu hogar, tu iglesia y a un mundo herido.

Viviendo Como que le Perteneces a Dios

¿Pueden otros ver que le perteneces a Dios?

Dios nos llama a una vida de gozo, obediencia y confianza. Él nos llama a ser diferentes de quienes nos rodean. Él nos llama a ser santos.

En este enriquecedor estudio, descubrirás que la santidad no es un estándar arbitrario dentro de la iglesia actual o un objetivo inalcanzable de perfección intachable. La santidad se trata de agradar a Dios – vivir de tal manera que sea claro que le perteneces a Él. La santidad es lo que te hace único como un creyente de Jesucristo.

Ven a explorar la belleza de vivir en santidad y ver por qué la verdadera santidad y verdadera felicidad siempre van de la mano.

Amando a Dios y a los demás

¿Qué quiere realmente Dios de ti?

Es fácil confundirse acerca de cómo agradar a Dios. Un maestro de Biblia te da una larga lista de mandatos que debes guardar. El siguiente te dice que solo la gracia importa. ¿Quién está en lo correcto?

Hace siglos, en respuesta a esta pregunta, Jesús simplificó todas las reglas y regulaciones de la Ley en dos grandes mandamientos: amar a Dios y a tu prójimo.
Amar a Dios y a los demás estudia cómo estos dos mandamientos definen el corazón de la fe Cristiana. Mientras descansas en el conocimiento de lo que Dios te ha llamado a hacer, serás desafiado a vivir estos mandamientos – y descubrir cómo obedecer los simples mandatos de Jesús transformarán no solo tu vida sino también las vidas de los que te rodean.

Distracciones Fatales: Conquistando Tentaciones Destructivas

¿Está el pecado amenazando tu progreso espiritual?
Cualquier tipo de pecado puede minar la efectividad del creyente, pero ciertos pecados pueden enraizarse tanto en sus vidas - incluso sin darse cuenta - que se vuelven fatales para nuestro crecimiento espiritual. Este estudio trata con seis de los pecados "mortales" que amenazan el progreso espiritual: Orgullo, Ira, Celos, Glotonería, Pereza y Avaricia. Aprenderás cómo identificar las formas sutiles en las que estas distracciones fatales pueden invadir tu vida y estarás equipado para conquistar estas tentaciones destructivas para que puedas madurar en tu caminar con Cristo.

La Fortaleza de Conocer a Dios

Puede que sepas acerca de Dios, pero ¿realmente sabes lo que Él dice acerca de Sí mismo – y lo que Él quiere de ti?
Este estudio esclarecedor te ayudará a ganar un verdadero entendimiento del carácter de Dios y Sus caminos. Mientras descubres por ti mismo quién es Él, serás llevado hacia una relación más profunda y personal con el Dios del universo – una relación que te permitirá mostrar confiadamente Su fuerza en las circunstancias más difíciles de la vida.

Guerra Espiritual: Venciendo al Enemigo

¿Estás preparado para la batalla?
Ya sea que te des cuenta o no, vives en medio de una lucha espiritual.
Tu enemigo, el diablo, es peligroso, destructivo y está determinado a
alejarte de servir de manera efectiva a Dios. Para poder defenderte a
ti mismo de sus ataques, necesitas conocer cómo opera el enemigo.
A través de este estudio de seis semanas, obtendrás un completo
conocimiento de las tácticas e insidias del enemigo. Mientras
descubres la verdad acerca de Satanás – incluyendo los límites de su
poder – estarás equipado a permanecer firme contra sus ataques y a
desarrollar una estrategia para vivir diariamente en victoria.

Volviendo Tu Corazón Hacia Dios

Descubre lo que realmente significa ser bendecido.
En el Sermón del Monte, Jesús identificó actitudes que traen el favor
de Dios: llorar sobre el pecado, demostrar mansedumbre, mostrar
misericordia, cultivar la paz y más. Algunas de estas frases se han
vuelto tan familiares que hemos perdido el sentido de su significado.
En este poderoso estudio, obtendrás un fresco entendimiento
de lo que significa alinear tu vida con las prioridades de Dios.
Redescubrirás por qué la palabra bendecido significa caminar en
la plenitud y satisfacción de Dios, sin importar tus circunstancias.
A medida que miras de cerca el significado detrás de cada una de
las Bienaventuranzas, verás cómo estas verdades dan forma a tus
decisiones cada día – y te acercan más al corazón de Dios.

Esperanza Después del Divorcio

Con el divorcio surgen muchas preguntas, dolor y frustración. ¿Qué
voy a hacer? ¿Cómo sobreviviré? ¿Qué hay de los niños? ¿Qué
pensará la gente de mí? ¿Qué piensa Dios de mí?
¿Cómo puedes superar esto? ¿Vivir con ello?
A través de este estudio de seis semanas descubrirás verdades
bíblicas sólidas que te ayudarán a ti o a un ser querido a recuperarse
del dolor, debido al fin de un matrimonio. Aquí encontrarás consejos
prácticos y motivadores, así como también la certeza del amor y
poder redentor de Dios, trabajando en incluso las situaciones más
difíciles mientras sales adelante con una perspectiva piadosa de tu
nueva realidad.

ACERCA DE MINISTERIOS PRECEPTO INTERNACIONAL

Ministerios Precepto Internacional fue levantado por Dios con el solo propósito de establecer a las personas en la Palabra de Dios para producir reverencia a Él. Sirve como un brazo de la iglesia sin ser parte de una denominación. Dios ha permitido a Precepto alcanzar más allá de las líneas denominacionales sin comprometer las verdades de Su Palabra inerrante. Nosotros creemos que cada palabra de la Biblia fue inspirada y dada al hombre como todo lo que necesita para alcanzar la madurez y estar completamente equipado para toda buena obra de la vida. Este ministerio no busca imponer sus doctrinas en los demás, sino dirigir a las personas al Maestro mismo, Quien guía y lidera mediante Su Espíritu a la verdad a través de un estudio sistemático de Su Palabra. El ministerio produce una variedad de estudios bíblicos e imparte conferencias y Talleres Intensivos de entrenamiento diseñados para establecer a los asistentes en la Palabra a través del Estudio Bíblico Inductivo.

Jack Arthur y su esposa, Kay, fundaron Ministerios Precepto en 1970. Kay y el equipo de escritores del ministerio producen estudios **Precepto sobre Precepto,** Estudios **In & Out**, estudios de la **serie Señor**, estudios de la **Nueva serie de Estudio Inductivo**, estudios **40 Minutos** y **Estudio Inductivo de la Biblia Descubre por ti mismo para niños.** A partir de años de estudio diligente y experiencia enseñando, Kay y el equipo han desarrollado estos cursos inductivos únicos que son utilizados en cerca de 185 países en 70 idiomas.

MOVILIZANDO

Estamos movilizando un grupo de creyentes que "manejan bien la Palabra de Dios" y quieren utilizar sus dones espirituales y talentos para alcanzar 10 millones más de personas con el estudio bíblico inductivo.

Si compartes nuestra pasión por establecer a las personas en la Palabra de Dios, te invitamos a leer más. Visita **www.precept.org/Mobilize** para más información detallada.

RESPONDIENDO AL LLAMADO

Ahora que has estudiado y considerado en oración las escrituras, ¿hay algo nuevo que debas creer o hacer, o te movió a hacer algún cambio en tu vida? Es una de las muchas cosas maravillosas y sobrenaturales que resultan de estar en Su Palabra – Dios nos habla.

En Ministerios Precepto Internacional, creemos que hemos escuchado a Dios hablar acerca de nuestro rol en la Gran Comisión. Él nos ha dicho en Su Palabra que hagamos discípulos enseñando a las personas cómo estudiar Su Palabra. Planeamos alcanzar 10 millones más de personas con el Estudio Bíblico Inductivo.

Si compartes nuestra pasión por establecer a las personas en la Palabra de Dios, ¡te invitamos a que te unas a nosotros! ¿Considerarías en oración aportar mensualmente al ministerio? Si ofrendas en línea en **www.precept. org/ATC**, ahorramos gastos administrativos para que tus dólares alcancen a más gente. Si aportas mensualmente como una ofrenda mensual, menos dólares van a gastos administrativos y más van al ministerio.

Por favor ora acerca de cómo el Señor te podría guiar a responder el llamado.

COMPRA CON PROPÓSITO

Cuando compras libros, estudios, audio y video, por favor cómpralos de Ministerios Precepto a través de nuestra tienda en línea (**http://store.precept.org/**) o en la oficina de Precepto en tu país. Sabemos que podrías encontrar algunos de estos materiales a menor precio en tiendas con fines de lucro, pero cuando compras a través de nosotros, las ganancias apoyan el trabajo que hacemos:

• Desarrollar más estudios bíblicos inductivos
• Traducir más estudios en otros idiomas
• Apoyar los esfuerzos en 185 países
• Alcanzar millones diariamente a través de la radio y televisión
• Entrenar pastores y líderes de estudios bíblicos alrededor del mundo
• Desarrollar estudios inductivos para niños para comenzar su viaje con Dios
• Equipar a las personas de todas las edades con las habilidades del estudio bíblico que transforma vidas.

Cuando compras en Precepto, ¡ayudas a establecer a las personas en la Palabra de Dios!

.